DaF in 2 Bänden

Wortschatzarbeitsheft

Deutsch als Fremdsprache

1

Marion Sailer
Beratung Christine Dannhofer

Max Hueber Verlag

GW00802366

Materialübersicht:

DaF in zwei Bänden, 1
Wortschatzarbeitsheft
3 Kassetten
3 CDs
Lehrerhandbuch

DaF in zwei Bänden, 2
Wortschatzarbeitsheft
3 Kassetten
3 CDs
Lehrerhandbuch

E	4.	3.	2.	1.	Die letzten Ziffern
	2002	2001	2000		bezeichnen Zahl und Jahr des Druckes.

Alle Drucke dieser Auflage können, da unverändert,
nebeneinander benutzt werden.

1. Auflage R
© 2000 Max Hueber Verlag
D-85737 Ismaning
Umschlagentwurf und Layout: Peer Koop
Zeichnungen: Aron Yhat
Umschlagillustration: Ralf Meyer-Ohlenhof
Gesamtherstellung: Druckerei Auer, Donauwörth
Printed in Germany
ISBN 3-19-047224-6

Inhalt

Lektion 1

Guten Tag.
Tschüss!
Hallo.
Grüß dich.
Grüß Gott.
Auf Wiedersehen.
Guten Morgen.
Guten Abend.

1. *Ergänzen Sie.*

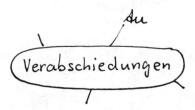

2. *Ergänzen Sie.*

a. *... nach dem Namen fragen ...*

Du	Sie

Wie ist dein Name?

Du	Sie
Wie heißt du?	Wie _____
Wie _____	_____
Wer _____	Wer _____

und antworten:

Wer sind Sie?
Wer bist du?
Wie ist Ihr Name?

Ich _____
Mein Name _____
Ich _____

b. *heißen:*

heißen
Wie heißen Sie?
Wie heißt du?
Ich heiße ...
Er heißt ...
Sie heißt ...

Wie _____   Wie _____
_____   _____
_____   _____

3. *Welche Antwort passt?*

Hallo, Nora!	Danke, ganz gut. Und Ihnen?
Wie geht es Ihnen?	Grüß Gott, Frau Kerner.
Guten Tag, Frau Haija.	Gut, und dir?
Helen, das ist Robert.	Hallo, Robert.
Wie geht es dir?	Hallo, Rebecca.

4. *Du oder Sie?*

a. du ▨▨▨   *b.* du ▨▨▨   *c.* du ▨▨▨
Sie ▨▨▨   Sie ▨▨▨   Sie ▨▨▨

5. *Schreiben Sie Dialoge. Nummerieren Sie die Sätze.*

a. ▨▨▨ Ich heiße David.
   ▨▨▨ Aus Manchester, das liegt in England, und du?
   ▨▨▨ Hallo, ich bin Paul, und wer bist du?
   ▨▨▨ Woher bist du, David?
   ▨▨▨ Ich komme aus Hamburg.

b. ▨▨▨ Wo liegt denn Porto, in Spanien?
   ▨▨▨ Guten Tag, mein Name ist Mokrohs. Wie heißen Sie?
   ▨▨▨ Nein, das liegt in Portugal.
   ▨▨▨ Ich bin Monika Kowalski und das ist Herr Cruz, er kommt aus Porto.

6. Lesen Sie noch einmal Lektion 1.

    a. Sammeln Sie Fragewörter. Machen Sie eine Mindmap.

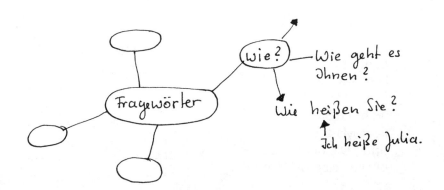

    b. Fragewörter: Wir schreiben Wortkarten.
       Wie sagt man das in Ihrer Muttersprache?

wo? Wo liegt Eisenstadt? Wo ist das?	Übersetzung: ...? . . . .
woher? Woher kommen Sie? Woher kommst du?	Übersetzung: ...? . . . .

wer?
Wer sind Sie?

wie?
Wie heißt du?
Wie ist dein Name?
Wie ist Ihr Name?

Wie heißen Sie?
Wie ist die Adresse?
Wie ist die Telefon-
nummer?

Wie bitte?
Wie geht's?
Wie geht es Ihnen?

7. *Fragen und Antworten. Was passt? Verbinden Sie.*

1. Wo wohnst du?	a. Das ist in Bayern.
2. Und wo liegt München?	b. Lindwurmstraße 25.
3. Wie ist deine Adresse?	c. In München.
4. Und wie ist die Telefonnummer?	d. 397 398.
5. Wie ist die Vorwahl?	e. 089 für München.

8. *Welche Fragewörter passen?*

a. _____ geht es dir?
b. _____ kommst du denn?
c. _____ ist Ihr Name?
d. _____ wohnen Sie?
e. _____ liegt Madrid?
f. _____ sind „Die gelben Seiten"?
g. _____ ist die Telefonnummer?
h. _____ sind Sie?
i. _____ ist die Adresse?
j. _____ heißen Sie?
k. _____ bitte? Können Sie
das bitte wiederholen.
l. _____ ist das Branchenbuch?

Wie sagt man die Fragen in Ihrer Muttersprache?

9. *Wie ist es richtig?*

es / dir / wie / geht?   *Wie geht es dir?*

a. Madrid / Spanien / liegt / in
b. du / woher / kommst / ?
c. ist / dein Name / wie / ?
d. bin / aus / ich / Griechenland
e. mein Name / Braun / ist

10. *Machen Sie ein Adressbuch. Nehmen Sie ein Telefonbuch aus Ihrer Stadt und suchen Sie:*

Zahnarzt
Name: _____
Straße: _____
PLZ / Ort: _____
Telefon: _____

Arbeitsamt
Straße: _____
PLZ / Ort: _____
Telefon: _____

Ihre Sprachschule
Name: _____
Straße: _____
PLZ / Ort: _____
Telefon: _____

ärztlicher Notdienst
Straße: _____
PLZ / Ort: _____
Telefon: _____

Polizei
Straße: _____
PLZ / Ort: _____
Telefon: _____

Apotheke
Name: _____
Straße: _____
PLZ / Ort: _____
Telefon: _____

Sportverein
Name: _____
Straße: _____
PLZ / Ort: _____
Telefon: _____

Deutsche Bahn
Straße: _____
PLZ / Ort: _____
Telefon / Fahrplanauskunft:
_____

11. Malen Sie einen Sitzplan. Schreiben Sie Sätze.

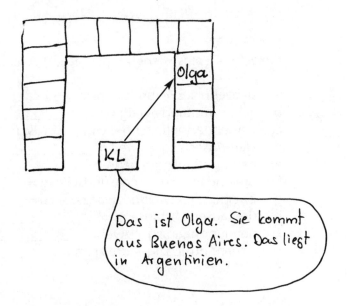

12. Ergänzen Sie bitte.

■ I_____ bin Anne Franklin, und w_____ heißen Sie?
● Mein N_____ ist Arturo Fontane, Arturo ist der Vo_____, Fontane der Nachn_____.
■ Und woher ko_____ Sie, Herr Fontane?
● Ich b_____ aus Parma.
■ Wo l_____ denn Parma?
● Parma liegt i_____ Italien.

13. Länder und Sprachen

a. Ordnen Sie zu.

Land	Sprache
Frankreich	Polnisch
Italien	Spanisch
England	Dänisch
Russland	Französisch
Dänemark	Russisch
Finnland	Englisch
Portugal	Ungarisch
Spanien	Chinesisch
Ungarn	Italienisch
Polen	Finnisch
China	Portugiesisch

b. Und Sie, welche Sprachen sprechen Sie?

14. Rechnen Sie gerne?

15 + 7 = 22
fünfzehn + (plus) sieben = (ist gleich) zweiundzwanzig

a. siebzehn + zweiundzwanzig = 39
b. acht + fünfundvierzig = _____
c. einhundertneunzehn – einunddreißig = _____
d. vierundsechzig + zwölf = _____
e. neunundfünfzig – neun = _____
f. dreiundachtzig + sechsundsiebzig = _____
g. zweihundertzweiundzwanzig – elf = _____
h. dreitausend + tausend = _____
i. neunundneunzig + zwei = _____
j. siebenundsiebzig + dreizehn = _____

15. Was passt nicht? Streichen Sie das Wort.

a. Telefonbuch, Branchenbuch, Postleitzahlenbuch, Beratungsstelle
b. Name, Vorname, Alter, Nationalität, Gesellschaft
c. Tasche, Straße, Hausnummer, Stadt
d. hören, verkaufen, lesen, schreiben

16. Wer sagt was?

a.

a

b

c

Könnten Sie das bitte wiederholen?
Kannst du das bitte wiederholen?
Buchstabieren Sie bitte.
Buchstabiere bitte.
Wie ist die Telefonnummer?
Wie ist die Adresse?
Bitte langsam.
Noch einmal bitte.

b. Das sagen wir im Unterricht.

• Kannst du das bitte wiederholen?
• Können Sie das bitte wiederholen?
• Entschuldigung, ich verstehe (das) nicht.
• Bitte sprechen Sie langsamer.
• Können Sie das bitte an die Tafel schreiben?
• Was heißt das?
• Was bedeutet das Wort?
• Was bedeutet der Satz?

17. Hier sind 12 Wörter. Suchen Sie die Wörter.

```
G F R A U Z V A T R
H A N D R I O B K B
Ä M S U S G R E W S
T I S W A K W N I H
Z L A O T L A D D E
J I P R Z N H P A R
L E U T E X L Q M R
S P R A C H E Ü E Y
D E A N T W O R T C
```

1. _Frau_   7. _____
2. _____ 8. _____
3. _____ 9. _____
4. _____ 10. _____
5. _____ 11. _____
6. _____ 12. _____

18. Was ist das?

lesen ▭ / hören ▭ / schreiben ▭ /
wohnen ▭ / spielen ▭ / sprechen ▭ /
suchen ▭ / wiederholen ▭

19. a. *Wie heißen die Verben?*

antworten/fragenhabenheißenkommenwiederholensagen

antworten _____

b. *Wir schreiben Wortkarten.*

antworten	Übersetzung:
Ich antworte.	

20. *Und Sie? Ergänzen Sie.*

Mein Name ist: _____

Mein Vorname ist: _____

Ich komme aus: _____

Ich wohne jetzt in: _____

Meine Adresse ist: _____

Meine Telefonnummer: _____ (Vorwahl) _____

Und ich spreche: _____

21. *Wie heißen die Verben?*

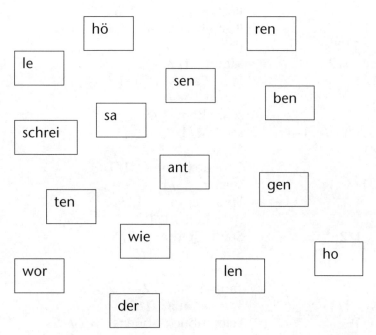

hö   ren

le

sen

ben

sa

schrei

ant

gen

ten

wie

ho

wor   len

der

Lektion 1

Abend, -e *m* **1/2**
Absender, - *m* **1/5**
Adresse, -n *f* **1/5**
Antwort, -en *f* **1/5**
antworten **1/1**
auf Wiedersehen **1/6**
Aufgabe, -n *f* **1/1**
Auskunft, -künfte *f* **1/5**
Beispiel, -e *n* **1/1**
Bild, -er *n* **1/2**
bitte **1/5**
buchstabieren **1/5**
Bundesland, -länder *n* /
  Kanton, -e *m* **1/4**
Club, -s *m* **1/1**
Dame, -n *f* **1/4**
danke **1/3**
Deutsch **1/2**
Dialog, -e *m* **1/1**
ein bisschen **1/2**
Familie, -n *f* **1/5**
Frage, -n *f* **1/1**
fragen **1/1**
Frau, -en *f* **1/2**
ganz gut **1/3**
Gespräch, -e *n* **1/1**
Gruppe, -n / Arbeits-
  gruppe, -n *f* **1/2**
gut **1/3**
gute Nacht **1/2**
guten Abend **1/2**
guten Morgen **1/2**
guten Tag **1/2**
haben **1/5**
hallo **1/1**
Hauptstadt, -städte *f* **1/4**
Heimat *f* **1/3**
heißen **1/1**
Herr, -en *m* **1/3**
hier **1/1**
hören **1/1**
international **1/2**
ja **1/1**
jetzt **1/4**
kein- **1/2**
kommen (aus) **1/1**
Kurs, -e *m* **1/1**

Kursleiter, - *m* / Kursleiterin,
  -nen *f* **1/4**
Kursteilnehmer, - *m* / Kursteil-
  nehmerin, -nen *f* **1/2**
langsam **1/5**
Lehrbuch, -bücher *n* **1/5**
Lektion, -en *f* **1/1**
Lernpartner, - *m* / Lern-
  partnerin, -nen *f* **1/1**
lesen **1/1**
Leute, die *Pl.* **1/2**
liegen (in) **1/1**
Lösung, -en *f* **1/1**
Mann, Männer *m* **1/3**
Moment, -e *m* **1/4**
Morgen, - *m* **1/2**
Muttersprache, -n *f* **1/2**
Nachbar, -n *m* / Nachbarin,
  -nen *f* **1/1**
Nacht, Nächte *f* **1/6**
Name, -n *m* **1/2**
Nationalität, -en *f* **1/5**
nein **1/2**
nicht **1/2**
Nummer, -n *f* **1/5**
Ort, -e *m* **1/5**
Person, -en *f* **1/1**
Polizei *f* **1/5**
Postkarte, -n *f* **1/5**
Postleitzahl, -en (PLZ) *f* **1/5**
richtig **1/1**
sagen **1/2**
Satz, Sätze *m* **1/1**
schön **1/2**
schreiben **1/5**
sein **1/1**
Seite, -n *f* **1/2**
Situation, -en *f* **1/1**
spielen **1/1**
Sprache, -n *f* **1/2**
sprechen **1/1**
Stadt, Städte *f* **1/5**
Straße, -n *f* **1/5**
suchen **1/5**
Tag, -e *m* **1/2**
Tasche, -n *f* **1/5**
Telefonbuch, -bücher *n* **1/5**

Telefonnummer, -n *f* **1/5**
Text, -e *m* **1/2**
tschüss **1/6**
typisch **1/3**
üben **1/2**
Übung, -en *f* **1/1**
und **1/1**
Vorname, -n *m* **1/2**
Vorwahl, -en *f* **1/5**
wann? **1/2**
was? **1/1**
wer? **1/1**
wie bitte? **1/2**
wie geht es (Ihnen)? **1/3**
wie viele? **1/1**
wie? **1/1**
wiederholen **1/5**
wo? **1/4**
woher? **1/1**
wohnen **1/4**

Lektion 2

1. a. *Das sind Substantive aus Lektion 1. Notieren Sie den Artikel.*
   Wissen Sie noch, was die Substantive bedeuten?

   Bild ◆ Absender ◆ Antwort ◆ Name ◆ Dame ◆ Satz ◆
   Familie ◆ Gespräch ◆ Tag ◆ Stadt ◆ Morgen ◆ Sprache ◆
   Vorwahl ◆ Nummer ◆ Abend ◆ Aufgabe ◆ Beispiel ◆
   Seite ◆ Buch ◆ Moment ◆ Nacht ◆ Dialog ◆ Frage ◆
   Adresse ◆ Frau

Artikel	Nomen	Übersetzung
	Bild	

   b. *Schreiben Sie Wortkarten.*

2. *Notieren Sie Wörter zu „Deutsch lernen". Lesen Sie Lektion 1 und 2.*
   Notieren Sie auch den Artikel der Substantive.

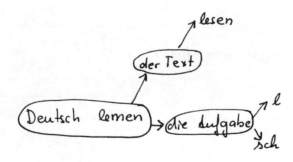

3. *Wann sind die Autoren geboren, wann gestorben? Schreiben Sie die Jahreszahlen aus.*

Thomas Mann 1875–1955
* *achtzehnhundertfünfundsiebzig*
† _____

Bertolt Brecht 1898–1956
* _____
† _____

Franz Kafka 1883–1924
* _____
† _____

Theodor Fontane 1819–1898
* _____
† _____

Johann Wolfgang von Goethe 1749–1832
* _____
† _____

Gotthold Ephraim Lessing 1729–1781
* _____
† _____

Christian Weise 1642–1708
* _____
† _____

Andreas Gryphius 1616–1679
* _____
† _____

Martin Luther 1483–1546
* _____
† _____

Hans Sachs 1494–1576
* _____
† _____

4. *Was passt wozu? Ordnen Sie die Wörter (mit Artikel) den Oberbegriffen zu:*

Das gibt es in einer Stadt	Essen / Trinken	Das fährt
	der Tee das Ei	

Tee ◆ Sekt ◆ Amt ◆ Bus ◆ Café ◆ Geschäft ◆ Kaufhaus ◆ Haltestelle ◆ Taxi ◆ Turm ◆ U-Bahn ◆ Sportzentrum ◆ Banane ◆ Bäckerei ◆ Hafen ◆ Arbeitsamt ◆ Ei ◆ Zug ◆ Wurst ◆ Post ◆ Parkplatz ◆ Restaurant ◆ Apfel ◆ Butter ◆ Schule ◆ Käse ◆ Sparkasse ◆ Obst ◆ Auto ◆ Bahn ◆ Bank ◆ Saft ◆ Straßenbahn ◆ Birne ◆ Brot ◆ Kirche

5. *Welche Verkehrsmittel kennen Sie? (Hilfe finden Sie auf Seite 49 im Buch.)*

6. *Was passt nicht? Streichen Sie das Wort.*

    a. Arbeitsamt, Butter, Arztpraxis, Bahnhof
    b. Café, Restaurant, Auto, Hotel
    c. Orange, Saft, Tee, Sekt
    d. Herbst, Urlaub, Sommer, Frühling

7. *Tragen Sie die Wörter in die Tabelle ein.*

Das mag ich 😀	Das mag ich nicht so gern 😟
Brot	Butter
	Sekt

Brot ◆ Hörnchen ◆ Butter ◆ Margarine ◆ Marmelade ◆ Honig ◆
Wurst ◆ Käse ◆ Müsli ◆ Quark ◆ Jogurt ◆ Orangensaft ◆ Milch ◆
Kaffee ◆ Tee ◆ Kakao ◆ Sekt ◆ Apfel ◆ Birne ◆ Weintrauben ◆
Melone ◆ Kuchen ◆ Mineralwasser ◆ Brötchen ◆ Orange

8. a. *Welche Obstsorten kennen Sie?*

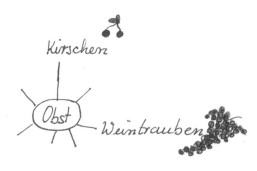

Kirschen

Obst — Weintrauben

b. *Obstsorten in den Jahreszeiten. Ergänzen Sie.*

Winter	Frühling	Sommer	Herbst

9. *Was ist das?*

Lösungswort: Weintrauben.

10. *Ergänzen Sie bitte.*

Frühstück im Café

Gast 1:   So, nun fr_____ wir erst mal.
Kellner: Was möchten Sie tr_____?
. Gast 1:   Ei_____ Milchkaffee, bitte.
Kellner: Und Sie?
Gast 2:   Ich möchte einen Kak_____.
Gast 1:   Und wir ne_____ zweimal das Frühstück mit
            Brö_____, Schi_____ und
            Kä_____. Und zwei Ei_____ bitte.
Kellner: Ko_____ sofort.

11. a.   *Was ist das?*

scheibeportionkanneglaskännchenstückbechertasseschale

die / eine scheibe _____

b.   *Schreiben Sie Wortkarten.*

c.   *Schreiben Sie Sätze: Ich möchte eine* **Scheibe** *Wurst.*

12. *Was sehen Sie?*

13. *Suchen Sie das Lösungswort.*

Das gibt es in einer Stadt.

Lösungswort: _____ c_____

– – – – – – – – – –   See

– – – – – – – – –   Schwimmbad

– – – – – –   Krankenhaus

S c h u l e   Rathaus

– – – – –   Hafen

– – –   ~~Schule~~

14. *Ordnen Sie:*

die Woche	das Jahr
Donnerstag	

Sonntag ◆ Februar ◆ September ◆ Frühling ◆ Mittwoch ◆ Dezember
◆ Samstag ◆ März ◆ August ◆ Mai ◆ Donnerstag ◆ Januar ◆
November ◆ Montag ◆ Herbst ◆ April ◆ Juli ◆ Dienstag ◆ Juni ◆
Sommer ◆ Oktober ◆ Freitag ◆ Winter

15. Wie viel Uhr ist es?

11.45
_____

8.30
Es ist halb neun

6.10
_____

2.35
_____

15.25
_____

17.40
_____

22.20
_____

9.15
_____

16. Schreiben Sie das Datum.

15.05. _____
27.08. _____
07.07. _____
26.11. _____
22.03. _____
03.06. _____
04.02. _____
24.12. _____
19.09. _____
27.10. _____

17. Ergänzen Sie:

vorgestern – gestern – _____ – morgen – _____

18. a. Ordnen Sie zu.

Nacht ◆ Morgen ◆ Vormittag ◆ Abend ◆ Mittag ◆ Nachmittag

b. Und nun ergänzen Sie.

morgens – _____ – mittags – _____ – abends
– _____

19. nein, nicht oder kein? Ergänzen Sie bitte.

a. Sind Sie Frau Zwisler? – _____, ich heiße
    Barbara Speierl.
b. Und Sie sind aus München? – _____, ich komme aus
    Regensburg.
c. Das ist Herr Puls, er kommt aus Österreich, aus Wien. –
    _____, _____ aus Wien, aus Innsbruck.
d. Entschuldigen Sie, sprechen Sie Griechisch? – _____,
    _____ Griechisch, Türkisch.
e. Sprechen Sie Russisch? – Nein, ich spreche _____
    Russisch, leider.
f. Bärbel, wir machen morgen eine Hafenrundfahrt. Hast du Lust? –
    _____, ich habe _____ Lust.
g. Das ist _____ Kirche, das ist eine Moschee.
h. Nimmst du auch eine Semmel zum Frühstück? – _____,
    ich möchte _____ Semmel, ich möchte ein Croissant.
i. Hast du Hunger? – _____, ich habe _____
    Hunger.

20. a. *Unterstreichen Sie die Infinitive. Was bedeuten sie in Ihrer Muttersprache?*

sehen ◆ siehst ◆ arbeiten ◆ weißt ◆ ergänzen ◆ fährt ◆ gehen ◆ buchstabiert ◆ erzählen ◆ trinken ◆ mach ◆ schicken ◆ essen ◆ liest ◆ machen ◆ höre ◆ nehmen ◆ frühstücken ◆ bist ◆ telefonieren ◆ iss ◆ verstehen ◆ warten ◆ spielt ◆ fahren ◆ wissen ◆ schreibt ◆ lernen ◆ sage ◆ planen ◆ wiederholt ◆ kaufen

b. *Schreiben Sie Wortkarten.*

sehen + Akk.
ich sehe,
du siehst

Ich sehe einen Baum.

21. *Was sagen die Leute?*

1. Wann hast du Geburtstag?
2. Wann haben Sie Geburtstag?
3. Ihr Geburtsdatum, bitte.
4. Wann sind Sie geboren?
5. Alles Gute zum Geburtstag!
6. Herzlichen Glückwunsch zum Geburtstag!

22. Wie gratulieren Sie in Ihrer Muttersprache zum Geburtstag?

_____

23. Und Sie? Ergänzen Sie.

Mein Geburtstag: _____

Das frühstücke ich gerne: _____

Lektion 2

abends **2/6**
allein(e) **2/1**
also **2/1**
alt **2/2**
Amt, Ämter *n* **2/2**
Anruf, -e *m* **2/6**
Ansichtskarte, -n *f* **2/6**
Apfel, Äpfel *m* **2/7**
April *m* **2/3**
Arbeit, -en *f* **2/3**
arbeiten **2/1**
Arbeitsamt, -ämter *n* **2/2**
Arztpraxis, Arztpraxen *f* **2/2**
auch **2/1**
August *m* **2/3**
Auto, -s *n* **2/1**
Bäckerei, -en *f* **2/2**
Bahn, -en (S-Bahn) *f* **2/2**
Bahnhof, -höfe *m* **2/6**
Banane, -n *f* **2/7**
Bank, -en *f* **2/2**
Birne, -n *f* **2/7**
bleiben **2/1**
brauchen **2/7**
Brot, -e *n* **2/7**
Brötchen, - *n* **2/7**
Bus, -se *m* **2/1**
Butter *f* **2/7**
Café, -s *n* **2/7**
da **2/2**
dahin **2/5**
danach **2/1**
dann **2/1**
Datum, Daten *n* **2/3**

denn **2/2**
Der Wievielte ...? **2/3**
Dezember *m* **2/3**
Dienstag *m* **2/5**
Donnerstag *m* **2/5**
Ei, Eier *n* **2/7**
eigentlich **2/3**
Erdbeere, -n *f* **2/7**
ergänzen **2/3**
erzählen **2/6**
essen **2/5**
fahren **2/1**
Fahrplan, -pläne *m* **2/6**
Fahrrad, -räder *n* **2/2**
Fahrt, -en *f* **2/1**
Fax, -e *n* **2/6**
Februar *m* **2/3**
Ferien *Pl.* **2/3**
Flasche, -n *f* **2/7**
Freitag *m* **2/5**
Freund, -e *m* /
    Freundin, -nen *f* **2/6**
früh **2/5**
Frühling *m* **2/3**
Frühstück, -e *n* **2/7**
frühstücken **2/7**
geboren sein am **2/4**
Geburtstag, -e *m* **2/4**
gehen **2/2**
gemeinsam **2/3**
gern(e) **2/1**
Geschäft, -e *n* **2/3**
geschlossen sein **2/3**
gesund **2/7**

Glas, Gläser *n* **2/7**
Gruß, Grüße *m* **2/5**
Hafen, Häfen *m* **2/2**
halb **2/6**
Haltestelle, -n *f* **2/2**
Herbst *m* **2/3**
heute **2/3**
Hörnchen, - *n* **2/7**
Hotel, -s *n* **2/6**
Hunger *m* **2/2**
Information, -en *f* **2/6**
informieren **2/6**
Jahr, -e *n* **2/3**
Januar *m* **2/3**
Juli *m* **2/3**
Juni *m* **2/3**
Kaffee *m* **2/7**
Kakao *m* **2/7**
Kalender, - *m* **2/4**
Kanne, -n *f* **2/7**
Käse *m* **2/7**
Kassette, -n *f* **2/6**
kaufen **2/7**
Kaufhaus, -häuser *n* **2/2**
Kind, -er *n* **2/1**
Kirche, -n *f* **2/2**
Krankenhaus, -häuser *n* **2/2**
Kuchen, - *m* **2/7**
lernen **2/1**
liebe **2/5**
Lust haben **2/1**
machen **2/1**
Mai *m* **2/3**
Margarine *f* **2/7**

Marmelade f **2/7**
März m **2/3**
Mensch, -en m **2/8**
Milch f **2/7**
Minute, -n f **2/6**
mittags **2/6**
Mittwoch m **2/5**
Monat, -e m **2/3**
Montag m **2/5**
morgen **2/1**
Morgen, - m **2/6**
morgens **2/6**
Mutter, Mütter f **2/3**
nachmittags **2/6**
nachts **2/6**
nehmen **2/1**
November m **2/3**
nur **2/6**
Obst n **2/7**
oder **2/5**
offen sein **2/8**
Öffnungszeit, -en f **2/8**
Oktober m **2/3**
Orange, -n f **2/7**
Papa **2/1**
Parkplatz, -plätze m **2/2**
planen **2/6**
Platz, Plätze m **2/2**
Portion, -en f **2/7**
Post, -ämter f **2/2**
Prospekt, -e m **2/7**
Radio, -s n **2/6**
Rathaus, -häuser n **2/2**
rechts **2/3**
Restaurant, -s n **2/3**
rund **2/1**
Saft, Säfte m **2/7**
Samstag / Sonnabend m **2/5**
schade **2/3**
Scheibe, -n f **2/7**
schicken **2/6**
Schiff, -e n **2/2**
schon **2/3**
Schule, -n f **2/3**
See, -n m **2/2**
sehen **2/2**
Sekt m **2/7**
Semmel, -n f **2/7**
September m **2/3**
Sommer m **2/3**

Sonntag m **2/5**
Sparkasse, -n f **2/2**
Sportzentrum,
   -zentren n **2/5**
Stadtplan, -pläne m **2/5**
Stock m
   (Stockwerk, -e n) **2/3**
Straßenbahn, -en f **2/2**
Stück, -e n **2/7**
Studium, -ien n **2/3**
Tafel, -n f **2/7**
Tasse, -n f **2/7**
Taxi, -s n **2/2**
Tee m **2/7**
telefonieren **2/5**
Temperatur, -en f **2/6**
toll **2/1**
trinken **2/7**
Tunnel, -s m **2/2**
Tür, -en f **2/3**
Turm, Türme m **2/2**
U-Bahn, -en f **2/5**
übermorgen **2/3**
Uhr, -en f **2/6**
Urlaub, -e m **2/3**
verstehen **2/3**
Viertel nach **2/6**
Viertel vor **2/6**
vormittags **2/6**
vorne **2/5**
wahr **2/5**
Wald, Wälder m **2/5**
warten **2/6**
Wasser (Mineral-) n **2/7**
Wecker, - m **2/6**
Welt, -en f **2/2**
wichtig – unwichtig **2/2**
wie spät ...? **2/6**
Winter m **2/3**
wissen **2/5**
Woche, -n f **2/1**
Wort, Wörter n **2/2**
Wörterbuch, -bücher n **2/2**
Wurst, Würste f **2/7**
Zahl, -en f **2/3**
Zeit f **2/6**
Zimmer, - n **2/3**
Zitrone, -n f **2/7**
zu Fuß **2/2**
zu haben **2/3**

zu sein **2/3**
zu Hause **2/1**
Zug, Züge m **2/6**

Lektion 3

1. a. *Das sind Substantive aus Lektion 2. Den Artikel kennen Sie schon.*
   Ergänzen Sie jetzt die Pluralform.

   Kalender ◆ Bahnhof ◆ Anruf ◆ Bus ◆ Hafen ◆ Information ◆
   Mensch ◆ Platz ◆ Radio ◆ Stück ◆ Taxi ◆ Uhr ◆ Zahl ◆ Woche ◆
   Geschäft ◆ Fahrplan ◆ Wald ◆ Kaufhaus ◆ Kanne ◆ Temperatur

   _____   _____   _____   _____
   _____   _____   _____   _____
   _____   _____   _____   _____
   _____   _____   _____   _____

   b. *Haben Sie die Wortkarten?*

   Nein –> ▉   Schreiben Sie bitte Wortkarten.
   Ja –> ▉   Wiederholen Sie.

2. *Arbeit mit dem Wörterbuch. So stehen Artikel und Plural*
   im Wörterbuch:

   Bahn·hof *der*; -(e)s, *Bahn·hö·fe*; **1** e-e Haltestelle (für Reise- u. Güterzüge) mit Gleisen u. den dazugehörigen Gebäuden ⟨der Zug fährt, rollt in den B. ein, hält nicht an jedem B.; j-n am / vom B. abholen; j-n zum B. bringen, begleiten; auf dem B.⟩ ‖ K-: **Bahn-** **hofs- viertel** ‖ K: **Güter-, Rangier-** **2** ein großes

   Mensch¹ *der*; -en, -en; **1** *nur Sg*; das Lebewesen, das sprechen u. denken kann u. sich dadurch vom Tier unterscheidet; *Biol* Homo sapiens: *Biologisch gesehen gehört der M. zu den Säugetieren* ‖ -K: **Steinzeit-, Ur-** **2** ein Mann, e-e Frau od. ein Kind als

3. *Was ist das?*

   _____
   _____
   _____
   _____

4. *Wann essen Sie was? Sammeln Sie.*

Frühstück	Mittagessen	Abendessen

5. *Was kaufen Sie ...*

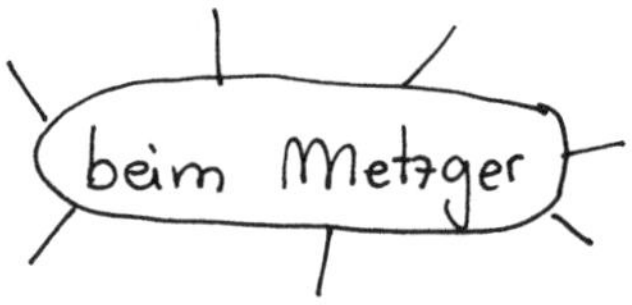

beim Metzger

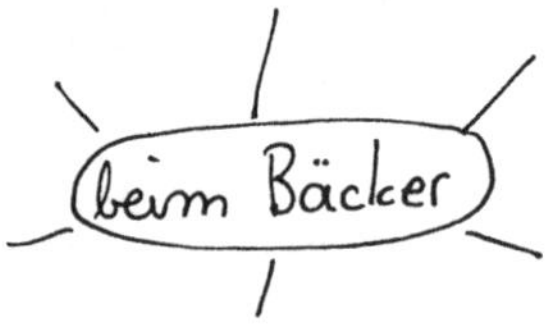

beim Bäcker

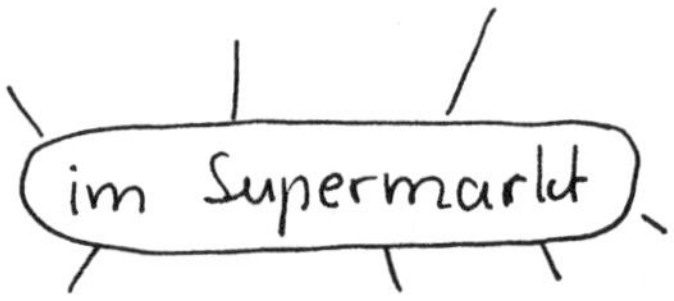

im Supermarkt

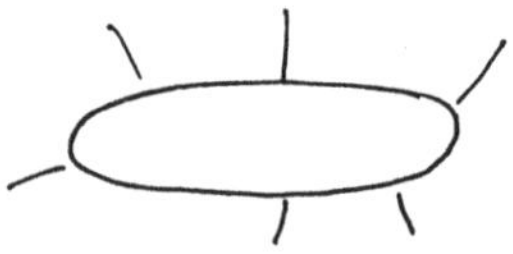

Äpfel ◆ Brot ◆ Kuchen ◆ Schinken ◆ Wurst ◆ Salami ◆ Zucchini ◆ Auberginen ◆ Kohl ◆ Hörnchen ◆ Croissant ◆ Schnitzel ◆ Braten ◆ Kräuter ◆ Torten ◆ Gulasch ◆ Butter ◆ Würstchen ◆ Kaffee ◆ Backpulver ◆ Milch ◆ Marmelade ◆ Eier ◆ Käse ◆ Salat ◆ Orangen ◆ ...

6. Ordnen Sie zu.

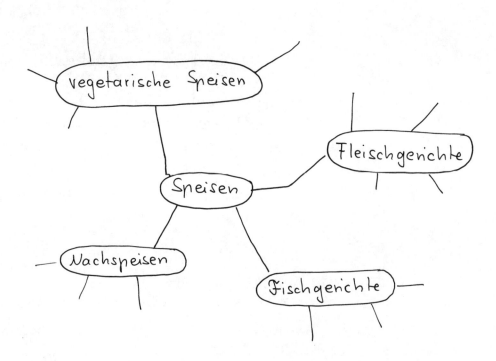

Aal ◆ Rinderfilet ◆ Blaukraut ◆ Forellenfilet ◆ Kalbsrücken ◆ Kompott ◆ Gulasch ◆ gebackene Bohnen ◆ Zanderfilet ◆ Asiatischer Sauerbraten ◆ Wiener Schnitzel ◆ Eis mit Sahne ◆ Ochsenschwanzsuppe ◆ Wirsing ◆ Schweinefilet ◆ Muscheln ◆ Hirschrouladen ◆ Erbsensuppe ◆ Lammkeule ◆ Rehrücken ◆ Götterspeise ◆ Hasenkeulen ◆ Ente ◆ Brokkoli ◆ Putenbrust ◆ Huhn ◆ Lachsfilet ◆ Gemüsegratin ◆ Spargelsalat mit Eiern ◆ Möhrensuppe ◆ Schikoree ◆ Obstsalat ◆ Bananencreme ◆ Hummer ◆ Maronencremesuppe ◆ Kartoffelauflauf ◆ Karpfen

7. Was ist Ihr Lieblingsrezept? Was brauchen Sie dazu alles?
Schreiben Sie eine Einkaufsliste.

_____
_____
_____
_____
_____
_____
_____
_____
_____

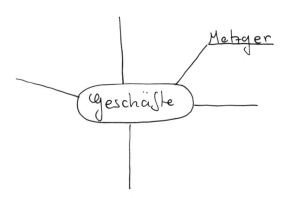

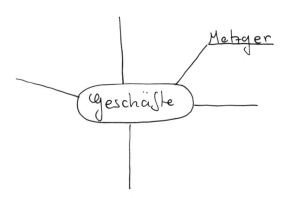

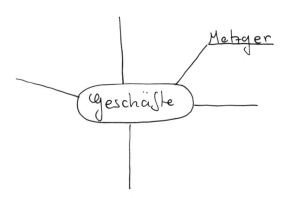

Lektion 3

8. In welchen Geschäften bekommen Sie die Zutaten?
   Welche Lebensmittelgeschäfte kennen Sie noch?

Metzger

Geschäfte

9. Was man alles zum Essen braucht …
   Welche Wörter sind für Sie wichtig? Schreiben Sie Wortschatzkarten.

10. Wie transportieren Sie die Einkäufe nach Hause? Ergänzen Sie
    auch den Artikel und den Plural.

_____

_____

_____

_____

_____

_____

_____

_____

_____

_____

Tüte ◆ Tasche ◆ Korb ◆ Rucksack ◆ Shopper

11. Rezepte lesen

a. Lesen Sie die Rezepte.

Folienkartoffel

… mit Quark und Schinken
4 EL Quark und 2 EL Kräuter (z. B. Petersilie, Dill, Schnittlauch, Basilikum, Thymian) verrühren, mit Salz und Pfeffer würzen. 1/2 Scheibe Schinken in Streifen schneiden, den Quark auf die Kartoffeln geben und mit Schinken und Kräutern garnieren.

∴ mit Zwiebel-Speck-Butter
2 Zwiebeln und 20 g Speck in Würfel schneiden und in der Pfanne dünsten. Mit 4 EL Butter und Schnittlauch vermischen, mit Salz und Pfeffer würzen.

b. Unterstreichen Sie die Infinitive.
   Was bedeuten sie in Ihrer Muttersprache?

c. Petersilie, Dill, Schnittlauch, Basilikum, Thymian sind Kräuter.

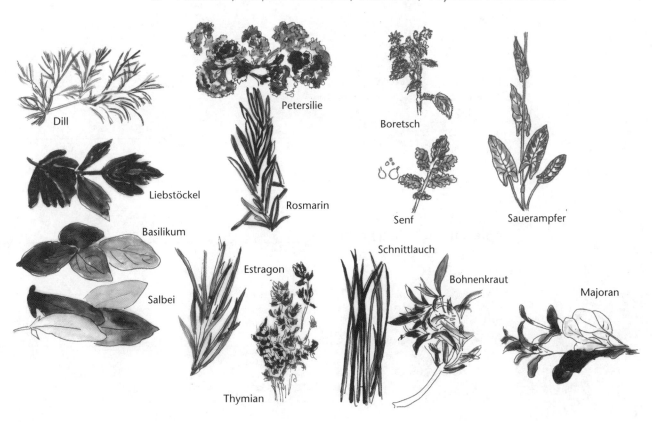

12. Welche Kräuter sind für die Küche Ihrer Heimat typisch?

13. Mengen

Diese Mengenbezeichnungen kennen Sie schon: l, g, Pfund, Scheibe, Glas, Dose, Paket, Dutzend, Paar, Päckchen, kg, Flasche. Wie heißen sie in Ihrer Muttersprache? Wiederholen Sie.

Diese sind neu. Sie finden Sie oft in Rezepten. Verbinden Sie die Wörter mit den Zeichnungen:

Esslöffel (EL)

Teelöffel (TL)

Messerspitze (MSP)

eine Prise

Becher

Tasse

Bund

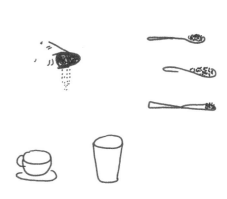

14. Welche Getränke passen?

Cola	Dose _____
Fanta	
Sekt	
Wein	Tee _____
Mineralwasser	
Kaffee	
Tee	Tasse _____
Bier	
O-Saft	
Apfelsaft	Flasche _____
Milch	
Kakao	
...	Weinglas _____
	normales Glas _____

15. *Ordnen Sie zu. Was sagt der Verkäufer / die Verkäuferin (V), was sagt*
    der Kunde (K)?

- Guten Tag, bitte schön?
- Darf's sonst noch was sein?
- Noch ein Kilo Äpfel bitte.
- Danke, das wär's.
- Macht 6 Euro 40.
- Was darf's sein?
- Das ist alles, danke.
- Noch was?
- Zahlen Sie bitte an der Kasse.
- Ich nehme noch 1 Kilo Spargel.

16. *Ergänzen Sie den Dialog.*

■ Guten Morgen. _____?
◆ Ich möchte gerne ein(en) _____ Milch.
■ Hier, bitte.
◆ Dann bitte noch 3 _____ Frankfurter Würstchen.
■ Sonst noch was?
◆ Zwei _____ Erbsen und ein
  _____ Butter.
■ _____ sonst noch was sein?
◆ Ja, ich _____ noch 1/2 Kilo Rinderhackfleisch.
  Das ist dann _____.
■ Das _____ 11 Euro 70.

alles ◆ bitte schön ◆ darf es ◆ Dosen ◆ Liter ◆ macht ◆ nehme ◆
Paar ◆ Päckchen

17. *Stammbaum Familie Mann*

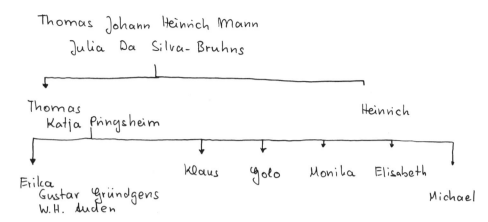

Welche Beziehung besteht zwischen:

Erika und Golo: *Schwester – Bruder*
Erika und Thomas: _____
Klaus und Katja: _____
Thomas und Katja: _____
Heinrich und Thomas: _____
Katja und Heinrich: _____
Thomas Johann Heinrich und Golo: _____
Julia und Katja: _____
Erika und Heinrich: _____
Golo und Heinrich: _____
Klaus und Julia: _____

18. Reagieren: Ordnen Sie zu. Was sind positive Reaktionen, was sind negative Reaktionen?

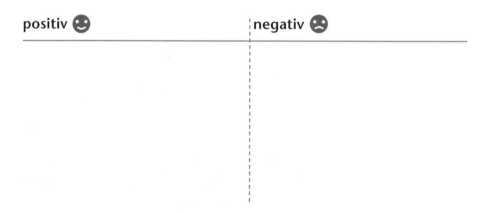

Gute Idee. ◆ Ich habe keine Lust. ◆ Och, nö. ◆ Ja, gern. ◆ Prima. ◆
Tut mir Leid. ◆ Das geht nicht. ◆ Leider … ◆ Oh ja, toll. ◆ Ja, gut. ◆
Einverstanden.

19. a. *Wie sagt man das in Ihrer Muttersprache?*

Gute Idee. _____

Ich habe keine Lust. _____

Och, nö. _____

Ja, gern. _____

Prima. _____

Tut mir Leid. _____

Das geht nicht. _____

Leider … _____

Oh ja, toll. _____

Ja, gut. _____

Einverstanden. _____

b. *Schreiben Sie Wortkarten.*

20. *Was ist das? Ordnen Sie zu.*

backen ▬▬   beobachten ▬▬   diskutieren ▬▬   feiern ▬▬
geben ▬▬   heben ▬▬   reden ▬▬   schlafen ▬▬
schwimmen ▬▬   zahlen ▬▬   zeigen ▬▬

21. Und Sie? Ergänzen Sie.

Das esse ich gern: _____

_____

_____

_____

Meine Familie: _____

_____

_____

_____

Lektion 3

Angebot, -e *n* **3/3**
Autor, -en *m* **3/WS1**
beobachten **3/3**
backen **3/3**
Bäcker, - *m* **3/3**
Bauer, -n *m* /
   Bäuerin, -nen *f* **3/3**
berühmt **3/WS1**
besonders **3/1**
besuchen **3/WS1**
vorbei **3/1**
Bier, -e *n* **3/2**
Brücke, -n *f* **3/WS1**
Bruder, Brüder *m* **3/2**
Buchstabe, -n *m* **3/WS2**
Dialekt, -e *m* **3/3**
diskutieren **3/WS1**
doch **3/1**
Dorf, Dörfer *n* **3/3**
Dose, -n *f* **3/3**
Dutzend, -e *n* **3/3**
Ehefrau, -en *f* /
   Ehemann, -männer *m* **3/2**
einkaufen **3/1**
einverstanden **3/2**
Eltern Pl. **3/2**
Entschuldigen Sie, bitte. **3/3**
feiern **3/3**
Fest, -e *n* **3/3**
finden **3/3**
Fleisch *n* **3/3**
Fleischer, - *m* **3/3**

Foto, -s *n* **3/2**
Freundschaft, -en *f* **3/2**
frisch **3/3**
geben **3/WS1**
Gemüse *n* **3/3**
genauso **3/1**
gestern **3/1**
Getränk, - e *n* **3/3**
Gewürz, -e *n* **3/3**
Gramm *n* **3/3**
groß **3/2**
hart **3/3**
Haus, Häuser *n* **3/WS2**
heben **3/2**
helfen **3/1**
Hund, -e *m* **3/2**
Husten, - *m* **3/1**
Idee, -n *f* **3/1**
immer **3/1**
Insel, -n *f* **3/WS1**
Junge, -n *m* **3/WS2**
Kasse, -n *f* **3/3**
Kaufmann,
   -männer *m* **3/WS1**
Kilo(gramm), -s *n* **3/3**
km = Kilometer, - *m* **3/WS1**
Stunde, -n *f* **3/3**
Kneipe, -n *f* **3/2**
kochen **3/3**
krank **3/1**
künstlich **3/WS1**
Laden, Läden *m* **3/3**

Land, Länder *n* **3/WS1**
Gott **3/3**
lang **3/WS1**
Leben *n* **3/3**
Lebensmittel *Pl.* **3/3**
Liter, - *m* **3/3**
Luft, Lüfte *f* **3/1**
mal (einmal, zweimal,
   dreimal) **3/1**
Mark *f* / Euro *m* **3/3**
Meer, -e *n* **3/WS1**
mehr **3/1**
Metzger, - *m* **3/3**
oft **3/1**
oben **3/2**
Paar, -e *n* **3/3**
Paprika, -s *f* **3/3**
Päckchen, - *n* **3/3**
Paket, -e *n* **3/3**
Pfund, -e *n* **3/3**
prima **3/1**
probieren **3/WS1**
Programm, -e *n* **3/WS1**
reden **3/3**
Rezept, -e *n* **3/3**
Rind, -er *n* **3/3**
Roman, -e *m* **3/WS1**
Schein, -e *m* **3/3**
Schinken *m* **3/3**
schlafen **3/2**
schnell **3/3**
Schnupfen *m* **3/1**

Schwager, Schwager *m* **3/2**
schwimmen **3/1**
Sohn, Söhne *m* **3/1**
sehr **3/WS1**
Spezialität, -en *f* **3/WS1**
Strand, Strände *m* **3/1**
Supermarkt, -märkte *m* **3/3**
Tankstelle, -n *f* **3/3**
Teelöffel, - *m* **3/3**
Tochter, Töchter *f* **3/1**
Tourist, -en *m* **3/WS1**
Vater, Väter *m* **3/2**
verbinden **3/WS1**
verheiratet sein **3/2**
viele **3/WS1**
weg **3/2**
Wein, -e *m* **3/3**
Wettbewerb, -e *m* **3/WS1**
Wohnung, -en *f* **3/2**
zahlen **3/3**
zeigen **3/2**
Zucker *m* **3/3**

Lektion 4

1. *Der Briefumschlag. Ergänzen Sie bitte.*

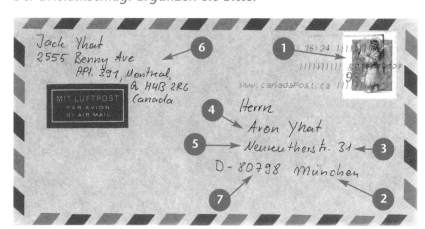

Absender
Empfänger
Briefmarke
Postleitzahl
Stadt
Straße
Hausnummer

2. *Eine Einladung. Ergänzen Sie bitte die fehlenden Wörter.*

Ausflüge
besuchst
einladen
gefunden
besucht
gezogen
Grüße
liebe
Zeit

Kathrin Staffler
Eichenweg 16
82223 Eichenau

Ulrike Haas
Rosenweg 9
19249 Lübtheen

_____ Ulrike,   23. 07. 20..

ich möchte dich hiermit noch einmal herzlich _____.
Du hast mir auf dem Seminar versprochen, du _____
mich mal. Wann hast du _____? Ich finde das erste oder
zweite Wochenende im August gut.
Klaus und ich sind ja schon vor zwei Jahren nach Bayern
_____. Ich habe dann die Universität _____
und Klaus hat Arbeit als Schreiner _____. Am Wochen-
ende machen wir oft _____ in die Berge und an die
Seen. Vielleicht hast du ja Lust, mal die Alpen kennen zu lernen.
Schreib bitte bald!
Liebe _____,

deine Kathrin

---

3. a. Verbinden Sie die Infinitive mit den entsprechenden Partizipien.

ziehen	eingekauft	_____
finden	besucht	_____
besuchen	verdient	_____
bekommen	gezogen	_____
sagen	getroffen	_____
lernen	gefunden	_____
treffen	bekommen	_____
aufstehen	gelernt	_____
verdienen	gesagt	_____
einkaufen	aufgestanden	_____

b. Schreiben Sie Wortkarten.

4. Übersetzen Sie die Verben in Ihre Muttersprache.

5. Verben

a. Unterstreichen Sie die Partizip II-Formen.

sagt ◆ helfen ◆ verkauft ◆ isst ◆ gegangen ◆ telefoniert ◆
gewohnt ◆ mitgebracht ◆ besuchst ◆ umziehen ◆
aufgeschrieben ◆ verstehen ◆ aufgehört ◆ versprochen ◆
sein ◆ <u>gefragt</u> ◆ anfangen ◆ zugemacht ◆ gekannt ◆
schreiben ◆ gefahren ◆ wohnen ◆ stehe

b. Schreiben Sie den Infinitiv dazu auf.

- *gefragt*   *fragen*
- _____   _____
- _____   _____
- _____   _____
- _____   _____
- _____   _____
- _____   _____
- _____   _____
- _____   _____
- _____   _____
- _____   _____
- _____   _____

c. Was bedeuten die Verben in Ihrer Muttersprache?

d. Ergänzen Sie die Wortkarten.

6. Die folgenden Verben bilden das Perfekt mit *sein*. Welches Verb gehört zu welchem Bild?

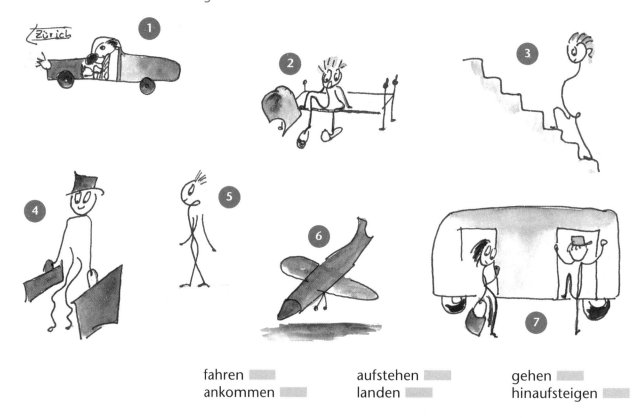

fahren ░░░ aufstehen ░░░ gehen ░░░
ankommen ░░░ landen ░░░ hinaufsteigen ░░░

7. Arbeit mit dem Wörterbuch. So steht das Perfekt in Ihrem Wörterbuch:

> **ge·ben**; *gibt, gab, hat gegeben*; Vt **1 j-m etw. g.** etw.
> in j-s Hände od. in seine Nähe legen / tun, sodass er
> es nehmen kann ≈ j-m etw. reichen ↔ j-m etw.
> (weg)nehmen: *j-m ein Buch g.; e-m Kind ein Glas
> Milch g.* **2 j-m etw. g.** j-m etw. als Geschenk zukom-

8. Geschichten

Erinnern Sie sich an die Geschichte von Juan Carlos (Band 1, S. 93)?
Hier ist die Geschichte von Anna:

in Ungarn geboren ◆ die Schule besuchen ◆ Medizin studieren ◆
Roland kennen lernen ◆ nach Deutschland kommen ◆ heiraten ◆
eine Tochter bekommen ◆ in einem Krankenhaus arbeiten

a. *Schreiben Sie die Geschichte im Perfekt:*

Anna ist in Ungarn geboren. Sie …

_____

_____

_____

_____

_____

_____

_____

Vielleicht korrigiert Ihre Lernpartnerin / Ihr Lernpartner Ihren Text.

b. *Schreiben Sie nun Ihre Geschichte.*

_____

_____

_____

_____

_____

_____

_____

Ihre Kursleiterin / Ihr Kursleiter korrigiert den Text.

9. Ordnen Sie die Wörter in die Tabelle ein.

gute Laune 😃	schlechte Laune 😞

freundlich ◆ unfreundlich ◆ genervt ◆ nett ◆ lustig ◆ traurig ◆
fröhlich ◆ deprimiert ◆ froh ◆ nervös ◆ heiter ◆ glücklich ◆
zufrieden ◆ unglücklich ◆ ärgerlich ◆ böse ◆ verzweifelt ◆ wütend

Ab –> in die Wörterkiste.

10. Bewegung

Frau Horstmann soll sich viel bewegen, soll Rad fahren, wandern,
spazieren gehen …

Wie „bewegen" Sie sich? Sammeln Sie.

Bewegung — ich gehe spazieren — ich schwimme

11. Hier sind 8 zweiteilige Verben versteckt. Finden Sie sie?

```
S  L  O  S  F  A  H  R  E  N
E  H  I  N  S  E  T  Z  E  N
I  K  L  M  U  F  E  R  T  E
N  B  A  U  Z  R  I  K  E  L
K  E  U  T  T  W  Q  M  A  B
A  U  F  S  T  E  H  E  N  W
U  Z  S  Z  Ä  G  P  M  F  Q
F  J  C  U  G  F  T  I  A  G
E  P  H  M  F  A  I  U  N  H
N  U  R  A  E  H  Z  O  G  K
G  U  E  C  W  R  H  L  E  O
E  L  I  H  F  E  E  K  N  P
R  M  B  E  G  N  Q  J  H  L
W  B  E  N  Z  S  A  D  H  Ö
U  V  N  H  K  X  B  V  M  L
```

1. _____   5. _____
2. _____   6. _____
3. _____   7. _____
4. _____   8. _____

12. Bilden Sie bitte Sätze.

Beispiel:
ich / jeden Morgen / aufstehen / um 7 Uhr
Ich stehe jeden Morgen um 7 Uhr auf.

a. zweimal pro Woche / meine Mutter / einkaufen / frisches Obst
b. Michael / das Fenster / zumachen
c. wir / gern / Rad fahren

d. die Schmerzen / aufhören / nicht
e. der Kurs / um 17.30 / aufhören
f. Cordula / Thomas / jeden Abend / anrufen
g. Wir / um 10.00 Uhr / losfahren
h. Stefan / mitbringen / Lebensmittel
i. ich / aufschreiben / die Adresse
j. das Theater / um 20.00 / anfangen

13. *Ergänzen Sie bitte.*

Beispiel:
Wir machen eine Hafenrundfahrt, _____ doch
_____. (mitkommen)

Wir machen eine Hafenrundfahrt, *komm* doch *mit.*

a. Meine Mutter _____ die Badehose
_____. (einpacken)
b. Der Zug _____ um 13.50
_____. (abfahren)
c. Wir _____ Badmintonschläger in den Urlaub
_____. (mitnehmen)
d. In Bolsena _____ wir die Koffer wieder
_____. (auspacken)
e. Regina _____ Bernd beim Zahnarzt
_____. (anmelden)
f. Ich _____ Sabine auch auf meine Party
_____. (einladen)

14. *Ein Verb mit vielen Vorsilben.*

a. *Unterstreichen Sie die zweiteiligen Verben.*

- Ich **gehe** jetzt **weg**, ich komme dann am Abend.
- Ich gehe mit John spazieren.
- Wir gehen jetzt los.
- Jetzt geht's los.
- Barbara geht mit.
- Ich bin müde, ich gehe zurück.

b. Schreiben Sie die Verben und übersetzen Sie.
Schreiben Sie Wortkarten.

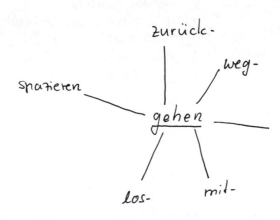

_____ _____
_____ _____
_____ _____
_____ _____

15. *Schreiben Sie Sätze.*

a. ich ◆ das Fenster ◆ zu|machen

_____

b. ? ◆ Sie ◆ Rad fahren ◆ gern

_____

c. im Wartezimmer ◆ Sie ◆ Platz nehmen ◆ (!)

_____

d. Johann ◆ jeden Tag ◆ spazieren gehen

_____

e. meine Mutter ◆ doch nicht ◆ unglücklich sein

_____

f. die Schmerzen ◆ auf|hören ◆ einfach nicht

_____

g. sollen ◆ das Fenster ◆ zu|machen ◆ ich ◆ ?

_____

16. *Geben Sie Befehle!*

Beispiel: morgen anrufen => *Ruf morgen an!*

a. Fenster zumachen _____
b. doch nicht unglücklich sein _____
c. Fenster aufmachen _____
d. Hausaufgaben aufschreiben _____
e. nicht zu spät nach Hause kommen _____

17. *Wie heißen die Verben?*

der Abflug   *abfliegen* _____
die Ankunft _____
die Abfahrt _____
der Umzug _____
der Zuhörer _____
die Anmeldung _____
die Einladung _____

18. *Claudia hat Kopfschmerzen.*
Was soll sie tun? Was soll sie nicht tun?

Beispiel: *sie soll nicht rauchen.*

_____
_____
_____
_____
_____
_____
_____
_____

19. Was ist was?

Ordnen Sie zu:

Bauch
Kopf
Arm
Hand
Fuß
Bein
Auge
Ohr
Schulter
Knie
Hüfte
Mund

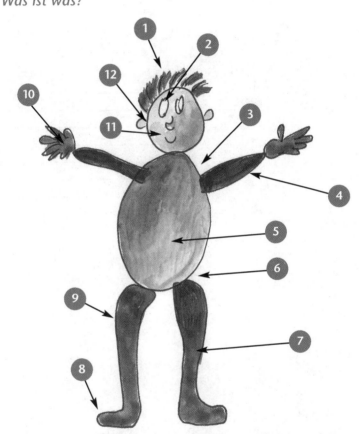

Ergänzen Sie auch den Artikel und die Pluralform.

1. _____
2. _____
3. _____
4. _____
5. _____
6. _____
7. _____
8. _____
9. _____
10. _____
11. _____
12. _____

20. Suchen Sie Körperteile.

A	F	W	I	R	B	E	L	S	Ä	U	L	E	X	T
N	I	E	R	E	A	Z	E	L	M	O	U	B	C	V
P	W	H	U	M	I	S	B	Ü	N	M	N	Q	S	W
P	R	E	M	T	W	G	E	Z	P	A	G	J	G	Z
Ö	R	R	M	O	D	A	R	M	Y	G	E	W	T	A
M	T	Z	M	Ä	Q	G	L	N	X	E	Ä	O	Ü	B
Z	U	Q	B	L	A	S	E	J	H	N	L	L	G	P

1. ___ _____ _____
2. ___ _____ _____
3. ___ _____ _____
4. ___ _____ _____
5. ___ _____ _____
6. ___ _____ _____
7. ___ _____ _____
8. ___ _____ _____

Ergänzen Sie Artikel und Pluralform. Was bedeuten diese Wörter in Ihrer Muttersprache?
Achtung: Wortkarten!

21. Welche Körperteile fallen Ihnen noch ein? Zeichnen Sie und schreiben Sie das Wort dazu.

die Nase, -n

22. In der Arztpraxis. Ordnen Sie zu.

Wartezimmer
Anmeldung
Patient
Sprechstundenhilfe
Arzt

Was sehen Sie noch?

23. Was passt nicht? Streichen Sie.

a. Spritze, Grippe, Medikament, Tablette
b. Husten, Schnupfen, Magen, Halsweh
c. Sport machen, ausschlafen, wandern, spazieren gehen
d. Niere, Lunge, Leber, Hüfte

24. Was sagen die Leute?

Mein Magen tut so weh. ◆ Was fehlt dir denn? ◆ Was fehlt Ihnen
denn? ◆ Ich habe Halsschmerzen. ◆ Ich habe Kopfschmerzen. ◆
Was hast du denn? ◆ Was ist denn? ◆ Ich habe Halsschmerzen. ◆
Mir ist schlecht. ◆ Ich bin erkältet. ◆ Was haben Sie denn? ◆
Ich habe Schnupfen. ◆ Meine Ohren tun weh.

25. *Sammeln und sortieren Sie: „gesund leben" und „ungesund leben".*

gesund leben	ungesund leben

Hier einige Anregungen:

viel arbeiten ◆ Süßigkeiten ◆ Stress ◆ Obst ◆ eine Radtour machen ◆
Zigarren rauchen ◆ Gemüse ◆ Vitamine ◆ schwimmen ◆ Fett ◆
Cholesterin ◆ wenig schlafen ◆ schlechte Ernährung ◆ viel Alkohol
trinken ◆ Sport machen ◆ wandern ◆ Zigaretten rauchen ◆
eine Massage bekommen

26. *Und Sie? Ergänzen Sie bitte und schreiben Sie.*

Sind Sie oft krank?

_____

_____

_____

Waren Sie in einem deutschsprachigen Land
schon einmal beim Arzt?

_____

_____

_____

Wie war das? Welche Probleme hatten Sie?

_____

_____

_____

Waren Sie schon einmal bei einer deutschsprachigen
Familie eingeladen?

_____

_____

_____

Lektion 4

alle **4/1**
anfangen **4/2**
ein Angestellter,
   eine, der, die Angestellte,
   Angestellte (*Pl.*),
   die Angestellten (*Pl.*) **4/2**
Anrufbeantworter, - *m* **4/3**
anrufen **4/1**
Arbeiter, - *m* /
   Arbeiterin, -nen *f* **4/2**
Arbeitgeber, - *m* **4/2**
Ärger *m* **4/2**
Arm, -e *m* **4/4**
Arzt, Ärzte *m* /
   Ärztin, -nen *f* **4/2**
aufhören **4/2**
aufmachen **4/1**
aufschreiben **4/2**
aufstehen **4/2**
aufwachen **4/4**
Auge, -n *n* **4/4**
Ausflug, Ausflüge *m* **4/1**
aussehen **4/3**
Auto fahren **4/4**
bald **4/1**
Bauch, Bäuche *m* **4/4**
behandeln **4/4**
Bein, -e *n* **4/4**
Beitrag, Beiträge *m* **4/2**
bekommen **4/1**
Besuch, -e *m* **4/1**
bewegen (sich) **4/2**
bezahlen **4/2**
Blatt, Blätter *n* **4/1**
Boot, -e *n* **4/1**
Brust, Brüste *f* **4/4**
direkt **4/4**
Doktor, -en (Dr.) *m* **4/2**
dort **4/1**
ein paar **4/4**
einladen **4/1**
einpacken **4/2**
Eintritt *m* **4/2**
entwickeln **4/1**
erkältet **4/4**
erklären **4/2**
ernst gemeint **4/1**

fehlen – Was fehlt
   Ihnen / dir? **4/4**
Fenster, - *n* **4/2**
festlegen **4/2**
Feuerwehr *f* **4/3**
Fieber *n* **4/3**
Film, -e *m* **4/1**
Fluss, Flüsse *m* **4/1**
fotografieren **4/1**
Freizeit *f* **4/1**
freuen **4/1**
freundlich **4/1**
Fuß, Füße *m* **4/4**
Fußsohle, -n *f* **4/4**
Gasthaus, -häuser *n* **4/2**
Gebiet, -e *n* **4/1**
Geld, Gelder *n* **4/3**
gerade **4/1**
Geschichte, -n *f* **4/1**
Gift, -e *n* **4/3**
Grippe, -n *f* **4/4**
gute Besserung **4/2**
Hals, Hälse *m* **4/4**
Hand, Hände *f* **4/4**
heiraten **4/1**
Herz, -en *n* **4/4**
hingehen **4/1**
hoffentlich **4/1**
Hüfte, -n *f* **4/2**
Illustrierte, -n *f* **4/1**
kennen **4/1**
kennen lernen **4/1**
Kindergarten, -gärten *m* **4/1**
Knie, - *n* **4/4**
Kopf, Köpfe *m* **4/4**
Körper, - *m* **4/4**
Kreis, -e *m* **4/1**
kriegen **4/3**
Küste, -n *f* **4/1**
Landkarte, -n *f* **4/2**
Landschaft, -en *f* **4/1**
Leber, -n *f* **4/4**
links **4/1**
Liste, -n *f* **4/2**
losfahren **4/2**
Lunge, -n *f* **4/4**
Magen, Mägen *m* **4/4**

malen **4/1**
medizinisch **4/3**
mehrere **4/1**
Methode, -n *f* **4/2**
mieten **4/2**
mitbringen **4/2**
mitfahren **4/2**
Musik *f* **4/1**
Nacken, - *m* **4/4**
Nase, -n *f* **4/4**
Natur, *f* **4/1**
Niere, -n *f* **4/4**
Notruf, -e *m* **4/3**
Ohr, -en *n* **4/4**
passieren **4/4**
Patient, -en *m* /
   Patientin, -nen *f* **4/2**
Pferd, -e *n* **4/1**
Pfingsten **4/1**
Plakat, -e *n* **4/4**
Platz nehmen **4/2**
Praxis, Praxen *f* **4/2**
Protokoll, -e *n* **4/2**
Rad fahren **4/2**
reservieren **4/2**
Rettungsdienst, -e *m* **4/3**
Route, -n *f* **4/2**
Rücken, - *m* **4/4**
sauber machen **4/2**
schlecht **4/2**
schlimm **4/4**
Schloss, Schlösser *n* **4/1**
Schmerz, -en *m* **4/2**
Schulter, -n *f* **4/4**
sofort **4/3**
sollen **4/3**
spazieren gehen **4/2**
Sport *m* **4/1**
Sprechstunde, -n *f* **4/2**
Sprechzimmer, - *n* **4/2**
Spritze, -n *f* **4/4**
Spülmittel, - *n* **4/3**
stark **4/4**
Stelle, -n *f* **4/4**
Tablette, -n *f* **4/2**
Tagung, -en *f* **4/1**
Teil, -e *m* **4/1**

Telefon, -e *n* **4/1**
Termin, -e *m* **4/2**
Tisch, -e *m* **4/2**
Tour, -en *f* **4/2**
treffen **4/1**
Überschrift, -en *f* **4/1**
Ufer, - *n* **4/1**
unfreundlich **4/1**
ungefähr **4/4**
verdienen **4/3**
versprechen **4/1**
versuchen **4/2**
verteilen **4/2**
Video, -s *n* **4/1**
vielleicht **4/1**
vor allem **4/2**
vorhaben **4/2**
vorher **4/1**
Vorschlag, Vorschläge *m* **4/1**
wandern **4/2**
Wartezimmer, - *n* **4/2**
weh tun **4/4**
wie lange? **4/1**
Wirbelsäule, -n *f* **4/4**
wirklich **4/1**
Wochenende, -n *n* **4/1**
z. B. = zum Beispiel **4/1**
Zahn, Zähne *m* **4/4**
ziehen **4/1**
zu Besuch **4/1**
zumachen **4/2**
zurück sein **4/2**
zusammen **4/1**

Lektion 5

1. Verbinden Sie.

gelb   Himmel
rot   Kirschen
grün   Wiese
blau   Zitrone
schwarz   Schuhe
braun   Haare
lila   Veilchen
rosa   Schweinchen

2. Was mögen Sie, was mögen Sie nicht? (Aber bitte nur rote, gelbe oder grüne Sachen!)

Kirschen

(mag ich)

Bananen

(mag ich nicht)

3. Lesen Sie noch einmal Lektion 5, Situation 3. Notieren Sie alle Wörter, die zu ,Prüfung' gehören.

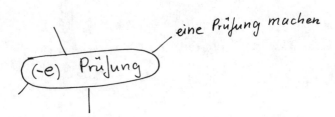

eine Prüfung machen

((-e) Prüfung)

4. *Welche Kleidungsstücke tragen Sie ...*

langärmlige Bluse ◆
Gürtel ◆ Hemd ◆
weite Hose ◆ Hut ◆
Jacke ◆ langes Kleid ◆
Wintermantel ◆
Lederhose ◆ Mütze ◆
Pullover ◆ langer Rock
◆ Socken ◆ Knie-
strümpfe ◆ Tücher ◆
Jackett ◆ Anzug ◆
Abendkleid ◆ kurzer
Rock ◆ Jeans ◆ T-Shirt
◆ Shorts ◆ Unter-
wäsche ◆ Strumpf-
hose ◆ Handschuhe ◆
Krawatte ◆ Regen-
mantel ◆ kurzärmlige
Bluse ◆ enge Hose

oft?	hin und wieder?	nie?

5. *Welche Kleidungsstücke möchten Sie noch auf Deutsch kennen?*

   a. *Schlagen Sie sie im Wörterbuch nach und tragen Sie sie in die Tabelle ein. Ergänzen Sie auch die Pluralformen und den Artikel.*

   _____

   _____

   _____

   b. *Machen Sie zu Ihren Kleidungsstücken Wortkarten.*

6. *Was haben die Leute an? Beschreiben Sie.*

7. *Wie heißt das Gegenteil? Verbinden Sie bitte.*

lang   bunt
breit   dunkel
hell   kurz
einfarbig   schmal
faul   eng
weit   fleißig

8. *Wie heißt das Gegenteil?*

dick   _____
richtig   _____
klein   _____
warm   _____
alt   _____
hässlich _____

9. *Sammeln Sie. Was fällt Ihnen ein zu …*

grüne Blätter   blühen

Frühling

*Erinnern Sie sich an das Gedicht über die Jahreszeiten (Seite 44)?
Haben Sie Lust? Dann sammeln Sie noch Wörter zu Sommer, Herbst
und Winter.*

10. *Terminvereinbarung*

Sie brauchen einen Termin beim Arzt. Bringen Sie den Dialog in die richtige Reihenfolge.

_____ ■ Morgen Nachmittag ... ja, so um 15.00 Uhr, Sie müssen dann aber wahrscheinlich etwas warten, ist das o. k.?

_____ ■ Oh, na ja, dann ... vielleicht können wir Sie schnell dazwischenschieben. Geht es denn morgen Vormittag, so um 10.00 Uhr?

2 ● Guten Tag, hier ist Rauh, ich möchte einen Termin vereinbaren.

_____ ■ Ja, Moment ... das geht erst wieder nächste Woche, diese Woche ist leider schon alles voll.

_____ ■ Alles klar, bis morgen, Frau Rauh.

_____ ● Das ist aber schlecht, es ist ziemlich eilig. Ich bin schwanger, glaube ich. Und da möchte ich gern sicher sein.

_____ ● Danke, auf Wiedersehen.

_____ ● Nein, tut mir Leid, da habe ich schon einen Termin. Geht es denn morgen Nachmittag auch?

1 ■ Praxis Dr. Morlock, guten Tag.

_____ ● Ja, das macht nichts, dann also morgen Nachmittag, um drei.

11. *Karin und Lea möchten essen gehen.*

a. *Ergänzen Sie den Dialog.*

Terminkalender 1 (Lea)

Montag	Dienstag	Mittwoch	Donnerstag	Freitag	Samstag	Sonntag
Kino mit Rosi		Sport		nach Freiburg fahren	Freiburg	Freiburg

Terminkalender 2 (Karin)

Montag	Dienstag	Mittwoch	Donnerstag	Freitag	Samstag	Sonntag
	Rainer kommt	Bärbel Geburtstags-fest		Eltern kommen!!		

Lea: ... Moment bitte, ich hol mal schnell meinen Terminkalender. ... So, wann hast du denn Zeit?

Karin: Ich kann am Montag.

Lea: Oh, tut mir Leid, da habe ich schon einen Termin,
        ich gehe mit Rosi ins Kino. Geht es _____?
        (Dienstag?)
Karin: Nein, aber kannst _____? (Samstag?)
Lea: Das tut mir Leid. Da _____ ich _____.
Karin: _____? (Donnerstag?)
Lea: Prima, das geht bei mir auch.
Karin: Um wie viel Uhr _____?
Lea: So um halb neun Uhr, beim Griechen?
Karin: Super, alles klar, dann bis Donnerstag, ich freue mich
        schon.
Lea: Bis dann, tschüß.

b. *Und nun üben Sie. Schreiben Sie Dialoge. Sprechen Sie zu Hause
    auf Tonband. Üben Sie auch mit Ihrer Lernpartnerin / Ihrem
    Lernpartner.*

12. *Sie machen eine Party. Sie laden 10 Freunde ein und planen
    ein Büfett.*

a. **Wählen Sie aus.**

Was soll es geben?		**Und zu trinken?**		**Was brauchen Sie sonst noch?**	
Kartoffelsalat	▧	Wasser	▧	Teller	▧
Nudelsalat	▧	Weißwein	▧	Gläser	▧
Kuchen	▧	Rotwein	▧	Besteck	▧
Würstchen	▧	Helles	▧	Servietten	▧
Karottensuppe	▧	Weißbier	▧	Kerzen	▧
Käse	▧	Pils	▧	Aschenbecher	▧
Rohkost	▧	Sekt	▧	Müllbeutel	▧
gemischter Salat	▧	Saft	▧	Steichhölzer	▧
Blätterteiggebäck	▧	Limo	▧	Klopapier *	▧
Fisch	▧	Kaffee	▧	_____	▧
Wurstsalat	▧	Tee	▧		
Brot	▧	_____	▧		
Obstsalat	▧				
_____	▧				
_____	▧				

* „Toilettenpapier"

b. Und nun verteilen Sie die Aufgaben: Was wollen Sie selbst
    einkaufen / vorbereiten, was haben Sie schon zu Hause, was
    sollen Ihre Freunde mitbringen?

Ich *backe einen Kuchen, besorge Gläser, Servietten muss ich nicht kaufen, da habe ich genug.*

_____
_____
_____
_____
_____

Meine Freunde *sollen* _____
_____
_____
_____
_____
_____

c. Was müssen Sie noch machen?

Wohnung putzen
Nachbarn informieren

_____
_____
_____
_____

Ich *muss noch die Wohung putzen,* _____
_____
_____
_____
_____
_____
_____

13. *Sie sind vergesslich! Bilden Sie kurze Dialoge:*

Wie heißt denn …
noch mal? ◆
Mensch, wie heißt
denn …? ◆
Du weißt doch, der /
die / das … ◆
Der / Die / Das …

14. *Lesen Sie.*

- Die Schüler sind mit den Aufgaben fertig. Sie dürfen nach Hause gehen.
- Der Mensch hat zwei Beine. Er kann gehen. Ein Fisch hat keine Beine. Er kann nicht gehen.
- Das Auto ist kaputt. Hans muss zu Fuß gehen.
- Inge mag Peter und Peter mag Inge. Sie sind Freunde.
- Die Familie sagt, Daniel soll nicht so viel trinken.
- Ich bin sehr müde. Ich will/möchte nach Hause.

Wie sagen Sie das in Ihrer Muttersprache? Übersetzen Sie.

15. *wollen, können, möchten oder müssen? Setzen Sie ein.*

Dimitros _____ in Deutschland studieren. Er
_____ sich zur Mittelstufenprüfung anmelden. Dazu
_____ man aber einen bestimmten Termin einhalten.
Diesen Termin hat Dimitros verpasst. Jetzt _____ er
sich nicht mehr anmelden. Sein Freund Volker _____
Dimitros helfen. Sonst _____ Dimitros ein Jahr warten.
Dann _____ er sich wieder anmelden.

16. *Was müssen, mögen, sollen oder können Sie?*

müssen	mögen	können	sollen

tanzen ◆ reiten ◆ arbeiten ◆ rauchen ◆ Gitarre spielen ◆
viel schlafen ◆ studieren ◆ meinen Freund / meine Freundin ◆
meinen Vater ◆ Deutsch lernen ◆ im Unterricht aufpassen ◆ essen ◆
einkaufen ◆ Auto fahren ◆ singen ◆ sterben ◆ Steuern zahlen ◆ ...

*Machen Sie diese Übung möglichst mit Ihrer Lernpartnerin / Ihrem
Lernpartner. Sie / Er mag, soll, darf, muss vielleicht ganz andere
Sachen!*

17. Ordnen Sie nach der Häufigkeit.

immer ◆ selten ◆ oft ◆ manchmal ◆ nie ◆ meistens

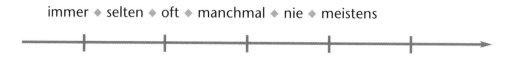

18. Und Sie? Ergänzen Sie bitte.

Ihre Lieblingsfarben? _____

Ihre Lieblingskleidung? _____

Lektion 5

abgeben 5/3
Abteilung, -en f 5/1
Angst haben 5/5
anmelden 5/3
annehmen 5/3
anprobieren 5/1
anstrengend 5/1
Anzug, Anzüge m 5/1
ärgern 5/4
aufpassen 5/3
Augenblick, -e m 5/1
Ausfahrt, -en f 5/6
Ausland n 5/3
Ausländer, - m /
   Ausländerin, -nen f 5/3
Ausnahme, -n f 5/3
Ausstellung, -en f 5/2
Baby, -s n 5/5
beantworten 5/3
behindert 5/6
besorgen 5/5
besprechen 5/6
Bitte, -n f 5/5
blau 5/5
bloß 5/3
Bluse, -n f 5/1
braun 5/5
breit 5/1
bunt 5/1
Büro, -s n 5/1
dafür 5/3
Dank m 5/5

darum 5/5
denken 5/3
deshalb 5/5
Dichter, - m 5/4
dick 5/1
dies- 5/1
Direktor, -en m 5/3
dunkel 5/1
dünn 5/1
durcheinanderbringen 5/1
dürfen 5/3
eben 5/1
Ecke, -n f 5/1
Eigenschaft, -en f 5/5
einfarbig 5/1
eng 5/1
erleben 5/1
erschrecken 5/5
erwachsen sein f 5/5
erwarten 5/3
evangelisch 5/1
Fabrik, -en 5/5
falsch 5/1
Farbe, -n f 5/1
farbig 5/5
faul 5/3
Feiertag, -e m 5/1
fertig sein 5/1
Firma, Firmen f 5/3
Formular, -e n 5/3
frieren 5/5
früher 5/6

führen (zu) 5/3
gehören (zu) 5/5
gelb 5/5
gelten 5/3
Geschenk, -e n 5/5
gestreift 5/1
grau 5/5
Grenze, -n f 5/2
Größe, -n f 5/1
grün 5/5
Haar, -e n 5/1
halten 5/5
Heft, -e n 5/5
hell 5/1
Hemd, -en n 5/1
Hilfe f 5/4
Himmel m 5/5
hoffen 5/3
holen 5/1
Hose, -n f 5/1
Industrie, -n f 5/2
Jacke, -n f 5/1
Jeans, - f 5/1
jede- 5/1
Kabine, -n f 5/1
kalt 5/5
kariert 5/1
katholisch 5/1
Kino, -s n 5/3
kirchlich 5/1
Kleid, -er n 5/1
Kleidung f 5/1

klein **5/1**
Kollege, -n *m* /
   Kollegin, -nen *f* **5/5**
können **5/1**
Künstler, - *m* /
   Künstlerin, -nen *f* **5/5**
Landwirtschaft *f* **5/2**
Laune *f* **5/3**
leben **5/3**
Leid tun **5/1**
letzt- **5/3**
lila **5/5**
lustig **5/4**
manch- **5/3**
manchmal **5/1**
Mantel, Mäntel *m* **5/1**
markieren **5/1**
Messe, -n *f* **5/2**
Meter, - (m) *m* **5/5**
mitgeben **5/3**
mitten in **5/5**
möchten **5/1**
mögen **5/4**
Möglichkeit, -en *f* **5/6**
Museum, Museen *n* **5/2**
müssen **5/3**
nächst- **5/3**
nämlich **5/3**
nett **5/1**
neulich **5/3**
Norden *m* **5/2**
normal **5/6**
Note, -n *f* **5/1**
offiziell **5/1**
orange **5/5**
ein Ostdeutscher /
   eine, der, die Ostdeutsche /
   Ostdeutsche (*Pl.*) / die Ost-
   deutschen (*Pl.*) **5/2**
Papier *n* **5/2**
Park, -s *m* **5/2**
Party, -s *f* **5/3**
passen **5/1**
Prüfung, -en *f* **5/3**
pünktlich **5/3**
Quatsch *m* **5/1**
Rechnung, -en *f* **5/3**
rechtzeitig **5/6**
Richtung, -en *f* **5/6**
Rock, Röcke *m* **5/1**

rosa **5/5**
rot **5/5**
rund (= etwa) **5/5**
Sache, -n *f* **5/1**
sammeln **5/5**
Schaufenster, - *n* **5/1**
schenken **5/5**
schmal **5/1**
schwanger **5/3**
schwarz **5/5**
Sehenswürdigkeit, -en *f* **5/2**
Semester, - *n* **5/3**
sicher **5/5**
sogar **5/3**
Spaß, Späße *m* **5/1**
staatlich **5/1**
starten **5/5**
stehen **5/5**
sterben **5/5**
Steuer, -n *f* **5/3**
Stift, -e *m* **5/5**
Streit, -es *m* **5/4**
Strich, -e *m* **5/5**
Strumpfhose, -n *f* **5/1**
studieren **5/3**
Süden *m* **5/2**
tolerant **5/3**
tragen **5/1**
Turnschuh, -e *m* **5/1**
überall **5/3**
übernachten **5/6**
unbedingt **5/1**
Universität, -en *f* **5/2**
Unternehmen, - *n* **5/1**
Unterricht *m* **5/3**
Unterschrift, -en *f* **5/3**
vereinbaren **5/3**
vergessen **5/3**
Verkäufer, - *m* /
   Verkäuferin, -nen *f* **5/1**
Verkehr *m* **5/2**
Versicherung, -en *f* **5/3**
Visum, Visa *n* **5/3**
warm **5/1**
Wäsche *f* **5/5**
weiß **5/5**
weit **5/1**
welch-? **5/1**

ein Westdeutscher /
   eine, der, die West-
   deutsche / West-
   deutsche (*Pl.*) / die West-
   deutschen (*Pl.*) **5/2**
Westen *m* **5/2**
wieso **5/1**
Wolke, -n *f* **5/5**
wollen **5/3**
wünschen **5/3**
zeichnen **5/4**
Zeitpunkt, -e *m* **5/3**
Zeugnis, -se *n* **5/3**

Lektion 6

1. Wo ist der Ball?

in dem Haus   über dem Haus   neben dem Haus   vor dem Haus   hinter dem Haus   unter dem Haus

Beispiel: Der Ball ist über dem Haus.

2. Wie kommen Sie zur Post?
Lesen Sie den Text und markieren Sie den Weg im Plan.

a. Wie Sie zur Post kommen? Gehen Sie geradeaus. Dann links. Über den Platz und wieder links. Dann rechts. Und die erste wieder rechts. Die Straße führt nach links, dann nach rechts, immer geradeaus, bis zur zweiten Kreuzung. Dann rechts. An der ersten Kreuzung dann links. Dann geradeaus (die Straße führt nach links), dann rechts über die Brücke, die erste Straße wieder rechts, dann links, wieder rechts und die erste Straße dann links. Da ist die Post.

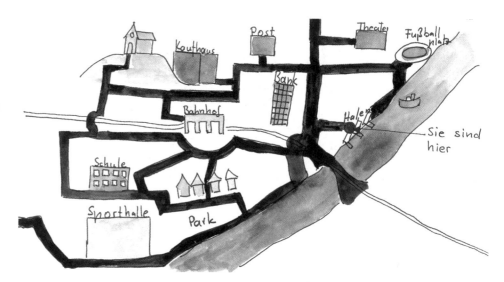

b. Wie kommen Sie zum Bahnhof? Schreiben Sie einen kurzen Text.

_____
_____
_____
_____
_____
_____
_____
_____
_____
_____
_____

3. *Ergänzen Sie die Dialoge.*

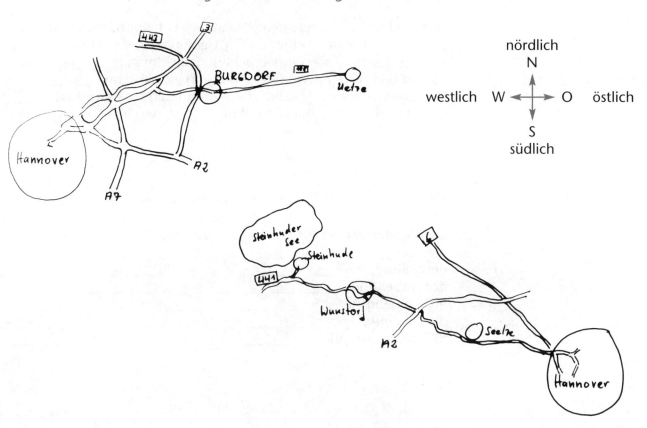

nördlich
N

westlich W ←→ O östlich

S
südlich

a. ■ Nora, ich muss morgen ja um 8.00 Uhr bei Thomas im Büro
sein. Weißt du denn, wie ich von Uetze nach Hannover kom-
me?
▲ Wo liegt denn Uetze?
■ _____ von Burgdorf.
▲ Dann fährst du _____

b. ■ Frau Eiler, wissen Sie denn, wie ich von Steinhude nach
Hannover komme?
▲ Wo liegt _____?
■ _____.
▲ Dann _____ Hannover-Hann.

4. *Ergänzen Sie die Präpositionen.*

Jamos ist _____ einigen Monaten _____ Familie Reichel. Tagsüber
versorgt er die Kinder: Er holt sie _____ der Schule ab, bringt sie
_____ Hause, putzt, wäscht und kocht _____ die Familie. Abends
geht er _____ den Deutschkurs. Und _____ dem Kurs? Nun,
dann trifft er sich oft _____ Freunden und geht _____ ihnen
_____ Kneipen und Diskotheken.

Denken Sie jetzt an Ihre Präpositionskarten? Ergänzen Sie sie!

Lothar Meyer sucht eine neue Wohnung. Er fängt nächsten Monat
_____ einer neuen Firma _____ Hannover an. Er hat die Zeitung
_____ Wochenende mitgebracht und sucht nun _____ seinem
Freund Hans eine passende Wohnung. Hans hat schon _____
Hannover gewohnt, er kennt die Stadt gut. Lothars Arbeit ist _____
der Nähe der MHH; Hans sagt ihm, _____ welchem Viertel er eine
neue Wohnung suchen soll.

5. *Wir verstehen Wörter. Welche Wörter finden Sie?*

   Beispiel: Traumtour = *der Traum + die Tour*

   der Kulturtipp = ____ _____ + ____ _____
   der Freizeittipp = ____ _____ + ____ _____
   der Ausgangspunkt = ____ _____ + (s+) ____ _____
   die Ortsmitte = ____ _____ + (s+)____ _____
   die Uferpromenade = ____ _____ + ____ _____

6. *Zum Spaß: Alpenvorland ist ein schwieriges Wort. Aber so können Sie es verstehen:*

   Alpenvorland = die Alpen (Gebirge) + vor + das Land
   Was ist dann wohl das *Alpenvorland*? Nehmen Sie eine Landkarte
   und suchen Sie das *Alpenvorland* in Deutschland. Welche Region ist
   damit gemeint?

7. *Setzen Sie ein.*

   mit ◆ am ◆ mit ◆ am ◆ in ◆ zur ◆ nach ◆ in ◆ an ◆ durch

   33 Traumtouren _____ dem Rad *im* Alpenvorland!
   Ruhige Strecken _____ schöne Landschaften. _____ Kultur- und
   Freizeittipps.

   Tour 11: Radfahren _____ Tegernsee

   Wir starten _____ Bad Wiessee. Nun müssen wir einen Kilometer
   _____ der B318 entlang radeln, dann links _____ die Aribostraße
   einbiegen. _____ 500 Metern noch einmal links, dann gelangen
   wir _____ Uferpromenade von Rottach-Egern. Das Stück _____
   Ufer entlang ist ein echter Genuss.

8. *Was passt? Verbinden Sie.*

Salat	mit	Zitrone
Brot	ohne	Zucker
Semmel		Milch
Eiskaffee		Milch und Zucker
Kaffee		Käse und Schinken
Tee		Sahne
kleines Eis		Käse oder Wurst
		Butter
		Essig und Öl
		Thunfisch

9. *Was passt? Verbinden Sie.*

Eintritt	mit	Ausweis
Demonstration	gegen	ABS
Auto	für	Katalysator
Ermäßigung	ohne	Studenten
	für	Kinder
		Atomstrom

10. *wohin? und wo? Beantworten Sie die Fragen.*

   a. Wohin haben Sie das Buch gelegt?
   b. Wo liegt denn mein Mantel?
   c. Wohin setzen wir die Oma?
   d. Wo sitzt du denn?
   e. Wo steht denn der Präsident?
   f. Wohin stellen wir die Lampe?
   g. Wohin geht dein Bruder?
   h. Wo ist deine Schwester?

über ◆ neben ◆ zwischen ◆ auf ◆ unter ◆ hinter ◆ an ◆ vor ◆ in

dem Sofa ◆ das Sofa ◆ dem Tisch ◆ den Tisch ◆ den Sessel ◆ dem Sessel
◆ dem Fenster ◆ das Fenster ◆ die Schule ◆ der Schule

_____
_____
_____
_____
_____
_____
_____

11. Denken Sie an Ihre Präpositionskarten.

über:	... das Bild, ... das Sofa // ... dem Bild, ... dem Sofa
um:	... Kassel, ... die Ecke
gegenüber:	... dem Museum, ... der Volkshochschule
von:	... der Schule, vom 20. August, ... einem Freund, ... dem Märchen erzählen, Abschied **vom** europäischen Kontinent
vor:	... dem Denkmal
zu:	zur Schule, zum Sechstagerennen
seit:	... drei Jahren, ... vielen Jahrhunderten, ... 1865
zwischen:	... Bremen und Hanau
an:	... seinem Geburtstag, ... die Ostsee
bei:	... Seenotfällen, ... diesem Rennen, ... Bier und Ochsenbraten, beim Bäcker
bis:	... heute
durch:	... ihn, ... Deutschland, ... die Flughafenhalle
mit:	... Jamos, ... Essig und Öl, ... einem Handy, ... der Straßenbahn, ... dem Bus, ... Salat, ... Rezept, ... Ihrem Freund, ... Ihrer Freundin, ... seinem Freund, ... seiner Freundin
entlang:	die Straße entlang, die Ostseeküste entlang, den Fluss entlang
für:	... die Gesundheit, ... die Deutschen, für die ganze Familie, ... Freiheit und Gerechtigkeit, ... eine saubere Umwelt, ... ein halbes Jahr, ... meine Mutter, ... die Deutsche Gesellschaft zur Rettung Schiffbrüchiger, ... 50 Millionen Menschen
gegen:	... Kopfschmerzen, ... ihre Kunst, ... Erkältung, ... Atomversuche, ... ein Auto
in:	im Künstlerdorf, im 20. Jahrhundert
nach:	... Hamburg, ... dem Essen, ... der dritten Stunde
ohne:	... Jamos, ... Essig und Öl, ... Handy, ... Salat, ... Rezept, ... Ihren Freund, ... Ihre Freundin, ... seinen Freund, ... seine Freundin
neben:	... dem Stuhl, ... den Stuhl

12. *Die Deutschen und ihre Haustiere. Lesen Sie die Statistik.*

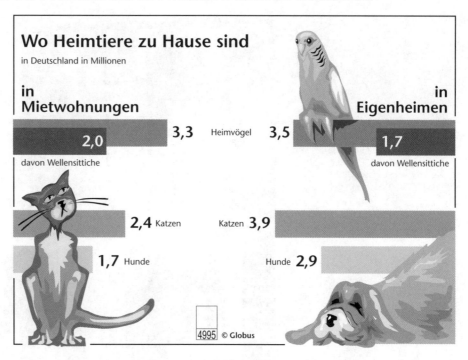

Wo Heimtiere zu Hause sind

in Deutschland in Millionen

in Mietwohnungen			in Eigenheimen
2,0	**3,3** Heimvögel	**3,5**	**1,7**
davon Wellensittiche			davon Wellensittiche
	2,4 Katzen	Katzen **3,9**	
	1,7 Hunde	Hunde **2,9**	

4995 © Globus

13. *Welche Tiere möchten Sie noch auf Deutsch kennen?*
Finden Sie sie im Wörterbuch.

14. Wie heißen die Räume?

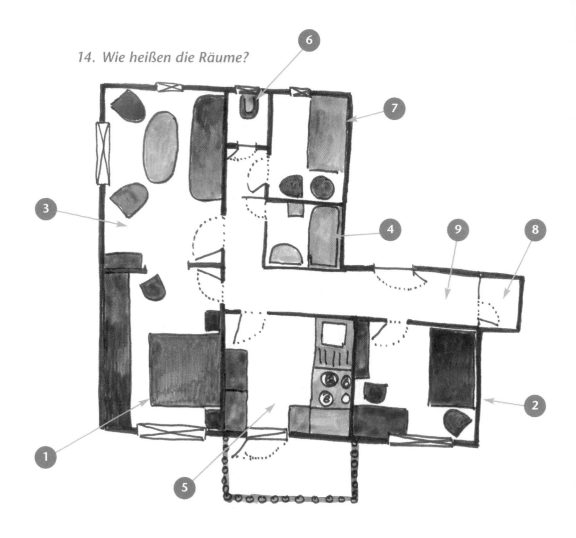

15. Und was ist das? Ordnen Sie zu. Tragen Sie die Ziffern ein.

Keller
Dach
Erdgeschoss
Treppe
Aufzug
Tür
Fenster
Garten
1. Stock

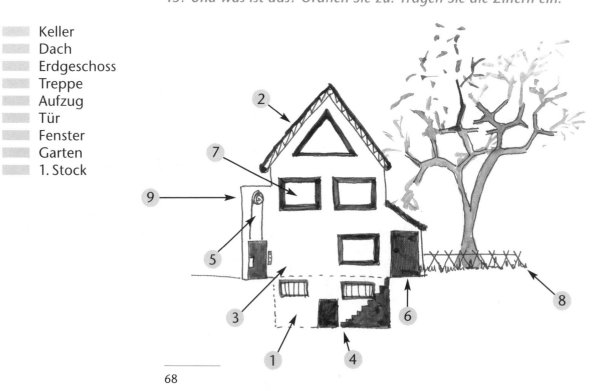

16. Ordnen Sie die Wörter den Oberbegriffen zu. (Mehrfachnennungen sind möglich.) Ergänzen Sie auch die Artikel.

Schlafzimmer	Wohnzimmer	Bad	Küche

Couch ◆ Sessel ◆ Bett ◆ Herd ◆ Fernseher ◆ Kleiderschrank ◆ Küchentisch ◆ Kühlschrank ◆ Vorhang ◆ Teppich ◆ Kommode ◆ Spülmaschine ◆ Schreibtisch ◆ Badewanne ◆ Dusche ◆ Waschbecken ◆ Stehlampe ◆ Nachttischlampe ◆ Küchenschrank ◆ Wohnzimmerschrank ◆ Einbauschrank ◆ Schlafcouch ◆ Wohnzimmertisch ◆ Esstisch ◆ Nachttisch ◆ Spiegelschrank ◆ Regal ◆ Wäschetruhe ◆ ...

17. Welche Gegenstände haben Sie in Ihrer Wohnung / Ihrem Zimmer? Zeichnen Sie sie und schreiben Sie das Wort dazu.

die Lampe, -n

18. *Wie nennt man diese Häuser?*

1. _____
2. _____
3. _____
4. _____
5. _____
6. _____
7. _____

Einfamilienhaus ◆ Wohnblock ◆ Hochhaus ◆ Bauernhof ◆ Reihen-
haus ◆ Villa

19. Lesen Sie die Wohnungsanzeigen.

1-Zi.-Whg., gut geschnitten, 36 qm, Balkon, helle EBK, helles Bad, DM 750,– + Nebenkosten / Kaution / Garage, ab 1.5., Chiffre XXXXXX von privat	1-Zimmer-Wohnung, 3. OG, 38 qm, Balk., sep. Kü., Abstell-raum, DM 650,– + NK, Linz Im-mobilien Chiffre XXXXX

Welche Wörter sind für Sie wichtig? Ab –> in die Wörterkiste damit.

20. Setzen Sie Präpositionen und Adjektive ein. Achten Sie auf die richtige Endung.

1-Zimmer-Apparment, ca. 35 qm, _____ Wohnanlage, sehr ruhig, _____ Forstenrieder Park, _____ Ausstattung, Parkett, Bad _____ Dusche, Terrasse, Garten, _____ sofort, DM 980,– + NK DM 150,–, Chiffre XXXXX

am ◆ mit ◆ komfortabel ◆ ab ◆ exklusiv

1-Zi.-Whg. , _____ Wohnanlage, _____ Verkehrsanbindung, 1. OG, 28 qm, _____ Einbauküche _____ Balkon, DM 750,– + NK. Chiffre XXXX

mit ◆ separat ◆ ruhig ◆ gut

1-Zimmer-Wohnung, 46 qm, _____ Lage, sehr _____, _____ Teppichboden, _____ Einbauküche, _____ Wohnraum, _____ 1.10., Chiffre XXXX

ruhig ◆ gepflegt ◆ ab ◆ neu ◆ komplett ◆ hell

21. Welche Wörter sind für Sie wichtig? Ab –> in die Wörterkiste.

22. Sie möchten eine Wohnung (aus Übung 18?) mieten? Welche gefällt Ihnen? Schreiben Sie dem Vermieter einen Brief. (Hilfe finden Sie im Buch auf Seite 169.)

23. Was fällt Ihnen dazu ein? Sammeln Sie und machen Sie eine Mindmap.

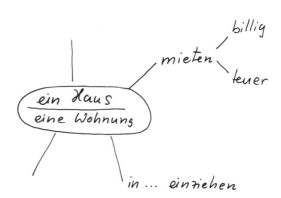

Hier ein paar Anregungen:
Mietvertrag ◆ ausziehen ◆ Miete ◆ Geld ◆ Reparaturen ◆ Makler ◆ Ärger ◆ Kaution ◆ Nebenkosten ◆ Mieter ◆ Vermieter ◆ Wohnungs-besichtigung ◆ umziehen ◆ Nachmieter ◆ Wohnungsanzeige ◆ Bürgschaft ◆ einziehen ◆ renovieren ◆ Mieterschutzverein …

24. Hier sind 10 Wörter aus der Lektion versteckt. Finden Sie sie?

R	W	O	H	N	V	I	E	R	T	E	L
Z	E	I	T	U	N	G	R	B	P	S	K
E	R	I	E	P	Ü	J	G	A	T	E	A
T	B	S	B	A	L	K	O	N	L	L	P
H	U	N	D	H	L	N	M	O	P	Q	U
A	N	Z	E	I	G	E	E	W	O	P	T
I	G	G	E	S	C	H	E	N	K	T	T
A	U	F	G	E	B	E	N	J	H	O	S

1. _____   5. _____   9. _____
2. _____   6. _____   10. _____
3. _____   7. _____
4. _____   8. _____

25. In welchem Viertel / in welcher Gegend ist Ihre Wohnung?
Beschreiben Sie das Viertel / die Gegend.

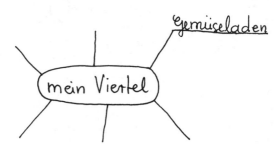

viele Parks ◆ Arbeiterviertel ◆ kaum Grün ◆ eng ◆ viel / wenig
Verkehr ◆ gute / schlechte Verkehrsanbindung ◆ Reihenhäuser ◆
Villen ◆ Appartements ◆ große Wohnhäuser ◆ Neubauten ...

26. *Setzen Sie ein: Badehose, Badewanne, Badeanzug, Badezimmer,*
Freibad, Bademantel oder Hallenbad.

Zum Waschen und Zähneputzen geht man ins
_____.
Tragen Männer beim Schwimmen: _____.
Und das Frauen: _____.
Im Sommer kann man bei schönem Wetter ins
_____ gehen.
Im Winter kann man ein _____ besuchen.
Den kann man morgens tragen (über dem Schlafanzug):
_____.
Da legt man sich rein und nimmt ein Bad:
_____.

27. *Und Sie? Ergänzen Sie bitte.*

Meine Wohnung: _____
Diese Tiere mag ich: _____
Mögen Sie ein Märchen besonders gern? Erzählen Sie es kurz.

Lektion 6

abholen 6/1
Abkürzung, -en f 6/7
Abschied (nehmen) m 6/3
alljährlich 6/3
Alltag m 6/5
Ampel, -n f 6/4
an 6/3
anfassen 6/3
angenehm 6/1
Anrede, -n f 6/1
Anzeige, -n f 6/7
anziehen 6/4
Apotheke, -n f 6/3
auf 6/4
Aufzug, -züge m 6/7
aus 6/3
ausziehen 6/7
Bad, Bäder n 6/7
Badewanne, -n f 6/7
Badezimmer, - n 6/7
Balkon, -e m 6/7
beginnen 6/3
bei 6/3
benutzen 6/1
bequem 6/7
Bescheinigung, -en f 6/4
Bett, -en n 6/7
bevor 6/3
bis 6/3
bitten (um) 6/6
Blume, -n f 6/3
böse 6/6
Braten, - m 6/3
breit 6/3
Briefmarke, -n f 6/4
Bücherei, -en f 6/4
Dach, Dächer n 6/4
Demonstration, -en f 6/3
Ding, -e n 6/6
draußen 6/4
durch 6/3
Dusche, -n f 6/7
Eigentum n 6/6
Einbahnstraße, -n f 6/4
Einfahrt, -en f 6/7
Eingang, -gänge m 6/7
Ende n 6/7

entdecken 6/6
Entfernung, -en f 6/7
entlang 6/3
Erdgeschoss, -geschosse n 6/7
Ereignis, -se n 6/3
Erkältung, -en f 6/3
erkennen 6/1
Essig m 6/3
Fahrer, - m 6/3
Fahrkarte, -n f 6/4
Fehler, - m 6/2
fett 6/3
Figur, -en f 6/4
Fisch m 6/4
fit 6/5
fliegen 6/4
Flug, Flüge m 6/1
Flughafen, -häfen m 6/1
Form, -en f 6/3
Freiheit, -en f 6/3
freiwillig 6/3
fremd 6/3
froh 6/7
fröhlich 6/3
Frucht, Früchte f 6/3
für 6/3
Garage, -n f 6/4
Garten, Gärten m 6/3
Gast, Gäste m 6/3
Gebäude, - n 6/4
gefährlich 6/4
gegen 6/3
Gegend, -en f 6/4
gegenüber 6/3
Gegenwart f 6/3
gemütlich 6/7
Gepäck n 6/1
geradeaus 6/4
Gerechtigkeit f 6/3
geschieden 6/1
Geschoss, Geschosse n 6/7
Gesellschaft, -en f 6/3
Gesundheit f 6/3
gleich 6/4
grüßen 6/7
Halle, -n f 6/3

hängen 6/5
Hausmeister, - m / Hausmeisterin, -nen f 6/7
hinter 6/4
Hof, Höfe m 6/7
Hut, Hüte m 6/3
in 6/3
interessant 6/6
Interesse, -n n 6/7
Jahrhundert, -e n 6/3
jung 6/6
kaputt 6/3
Karte, -n (ADAC-, Land-, Straßen-, Versicherungs-, Scheck-) f 6/5
Katze, -n f 6/4
Keller, - m 6/4
Kindheit f 6/6
klappen 6/1
klingeln 6/5
Kontinent, -e m 6/3
Konto, Konten n 6/4
kosten 6/7
Kreuzung, -en f 6/4
Küche, -n f 6/7
kündigen 6/7
Kunst, Künste f 6/3
Lampe, -n f 6/7
laut 6/5
leer 6/7
Lehrer, - m / -e Lehrerin, -nen f 6/7
Liebe f 6/3
loben 6/5
los sein 6/4
losgehen 6/6
Mahlzeit, -en f 6/3
Makler, - m 6/7
Mannschaft, -en f 6/4
Märchen, - n 6/4
meistens 6/6
Meister, - m 6/5
Miete, -n f 6/7
mieten 6/7
Million, -en f 6/3
mit 6/3
Möbel Pl. 6/7

modern 6/7
müde 6/1
nach 6/3
Nachricht, -en f 6/7
Nähe (in der Nähe
    von) f 6/7
natürlich 6/4
neben 6/4
nie 6/3
niemand 6/6
nördlich, südlich, östlich,
    westlich 6/5
Not, Nöte f 6/5
öffentlich 6/4
ohne 6/3
Öl n 6/3
östlich 6/5
parken 6/4
Pass, Pässe m 6/4
Pfeffer m 6/3
Platz, Plätze m 6/7
Politik f 6/3
privat 6/7
Pullover, - m 6/4
Recht haben 6/4
Reise, -n f 6/6
reisen 6/6
Rettung f 6/3
Ruhe f 6/1
ruhig 6/1
Saal, Säle m 6/3
Sache, -n f 6/7
Salat, -e m 6/3
Salz n 6/3
sauber 6/3
Schrank, Schränke m 6/7
Schreibtisch, -e m 6/7
schütteln 6/6
schwitzen 6/3
seit 6/3
Seite, -n f 6/4
Sendung, -en f 6/5
senkrecht 6/7
Sessel, - m 6/5
singen 6/7
sitzen 6/5
Ski, Skier m 6/7

Skizze, -n f 6/5
Sofa, -s n 6/7
Soße, -n f 6/3
sparen 6/5
Spaziergang, -gänge m 6/3
Spüle, -n f 6/7
Stadtteil, -e n 6/5
Station, -en f 6/4
steigen 6/4
stellen 6/4
still 6/6
Stimmung, -en f 6/6
stolz 6/3
Student, -en m 6/7
Stuhl, Stühle m 6/4
südlich 6/5
Suppe, -n f 6/3
Terrasse, -n f 6/7
teuer 6/7
Theater, - n 6/4
Tipp, -s m 6/5
Tod m 6/5
Toilette, -n f 6/1
Traum, Träume m 6/3
traurig 6/6
Treppe, -n f 6/7
über 6/4
überlegen 6/4
um 6/3
Umgebung, -en f 6/7
Umwelt f 6/3
unter 6/4
Vergangenheit f 6/3
Vergnügen n 6/6
verkaufen 6/3
Verkehrsmittel, - n 6/7
verschieden 6/3
Vertrag, Verträge m 6/7
Vetter, -n m 6/3
Viertel, - n 6/7
Vogel, Vögel m 6/2
Volk, Völker n 6/6
von 6/3
vor 6/4
vorschlagen 6/4
vorstellen (sich) 6/1
Vorteil, -e m 6/7

waagerecht 6/7
Wand, Wände f 6/5
waschen 6/1
Waschmaschine, -n f 6/7
WC, -s n 6/7
wechseln 6/6
Weg, -e m 6/4
Werbung, -en f 6/3
werfen 6/5
westlich 6/5
Wirtschaft f 6/3
wohin 6/4
Wolke, -n f 6/4
wunderbar 6/6
Zeitschrift, -en f 6/3
Zeitung, -en f 6/2
Zentrale, -n f 6/3
Zentrum, Zentren n 6/7
ziemlich 6/7
zu 6/3
Zukunft 6/3
Zuschauer, - m /
    Zuschauerin, -nen f 6/3
zwischen 6/4

Lektion 7

1. *Lesen Sie noch einmal die Texte in Situation 3, Übung 2.*
    Welche Präpositionen passen zu den Verben?

    an ◆ in ◆ bei ◆ mit ◆ auf

    unterrichten   _____
    arbeiten   _____
    aufhören   _____
    tätig sein   _____
    zufrieden sein _____

2. *Schreiben Sie nun Beispielsätze dazu.*
    Ergänzen Sie Ihre Präpositionskarten.

3. *Was passt?*

    Arbeit   finden
                suchen
                bekommen
                haben
                nehmen
                ergänzen
                lesen

4. *Ordnen Sie die Berufe in die Tabelle ein.*

gefällt mir	gefällt mir nicht

Arzt ◆ Bäcker ◆ Lektor ◆ Ingenieur ◆ Lehrer ◆ Sprechstundenhilfe ◆ Fotograf ◆ Außendienstmitarbeiter ◆ Informatiker ◆ Buchhalter ◆ Architekt ◆ Sozialpädagoge ◆ Steuerberater ◆ Erzieher ◆ Mechaniker ◆ Augenoptiker ◆ Sekretärin ◆ Journalist ◆ Verkäufer ◆ Metzger ◆ Koch ◆ Chemiker ◆ Psychologe ◆ Rechtsanwalt ◆ Kellner ◆ Schreiner

5. *Ergänzen Sie Berufsbezeichnungen.*

A wie Architekt
B wie Bäcker
C wie ...
D
E
F
G
H
I
J
K
L
M
N

O
P
Quizmaster
R
S
T
U
V
W
Xylograf
Y –
Z

6. *Suchen Sie sich nun 3 Berufe aus. Welche Qualifikationen soll/muss ein Bewerber haben?*

Ausbildung
Schulabschluss
Studium
Abitur
Praktikum

7. *Wortfeld Schule.*

a. *Ordnen Sie die Wörter in die Tabelle ein.*

Prüfung ◆ lernen ◆ Mathematiklehrer ◆ Klausur ◆ Hausaufgabe ◆ Schule ◆ Note ◆ Klasse ◆ lehren ◆ Schüler ◆ Sommerferien ◆ Pausenhof ◆ Klassentreffen ◆ Schulaufgabe* ◆ ausfragen** ◆ Sportunterricht ◆ ...

* = Klassenarbeit
** = abfragen

b. *Fallen Ihnen noch weitere Begriffe ein?*

Verb	Substantiv

c. *Entschlüsseln Sie nun die zusammengesetzten Substantive.*

z. B. Hausaufgabe: *das Haus + die Aufgabe*

8. *Was passt zusammen? Ordnen Sie den folgenden Begriffen die richtigen Definitionen zu.*

a. eine Ausbildung machen
b. selbstständig sein
c. studieren
d. -e Gewerkschaft
e. Schicht arbeiten
f. Karriere machen

1. eine Universität besuchen
2. eine Gruppe arbeitet von 6–14 Uhr, die andere von 14–20 Uhr, die dritte von 20–6 Uhr.
3. nicht angestellt sein, ein eigenes Unternehmen haben
4. Vereinigung, Bund, Zusammenschluss von Arbeitnehmern
5. schnell aufsteigen, höhere Positionen bekommen
6. Vorbereitung auf den Beruf, einen Beruf erlernen

9. *Können Sie diese Wörter erklären?*

Überstunden machen
Erziehungsurlaub nehmen
Schwangerschaftsvertretung

10. *Eine Karriere. Ergänzen Sie bitte die Lücken.*

Nach dem Abitur habe ich erst meinen Zivildienst
gem_____ und danach eine Aus_____ zum
Groß- und Einzelhandelskaufmann. Dann war ich leider erst mal
arbeits_____. Ich habe aber schließlich in einer Buch-
handlung Arbeit gef_____. Zwei Jahre war ich dort, dann
ist es mir zu langw_____ geworden, ich wollte noch
etwas anderes lernen. Deshalb habe ich Geschichte und Germanistik
stu_____. Jetzt ar_____ ich als Journalist für
eine Musikzeitschrift. Die Arbeit dort ist sehr abwechslungsreich
und int_____. Ich tre_____ viele nette, witzige
Menschen und bin oft auf Reisen: Ich muss Musiker interviewen
und Konzerte auf der ganzen Welt bes_____.

11. *Welche Wörter sind hier versteckt? Notieren Sie sie und ergänzen Sie*
    auch den Artikel und die Pluralform.

betriebsratfachhochschulelehrejobstellearbeiter

_____
_____
_____

Das sind vielleicht
Arbeitsbedingungen!

12. *Schlagen Sie die folgenden Begriffe im Wörterbuch nach:*

Firma ◆ Betrieb ◆ Werk ◆ Unternehmen ◆ Fabrik ◆ Handwerks-
betrieb ◆ Geschäft

13. *Auszüge aus einem Arbeitsvertrag.*
    Markieren Sie wichtige Wörter und Wendungen.
    Ab –> in die Wörterkiste!

Dauer des Arbeitsverhältnisses
– Das Arbeitsverhältnis beginnt am …
– Die Mitarbeiterin / Der Mitarbeiter wird als Sekretärin eingestellt.
  Sie / Er gilt als Angestellte/r.

Probezeit
Die Vertragsparteien vereinbaren eine Probezeit von 3 Monaten.
Die Probezeit endet demnach am …

Vergütung
Das monatliche Bruttoentgelt, bezogen auf 37,5 Wochenstunden,
beträgt derzeit DM 3.600,–.

Arbeitszeit
Die Arbeitszeit beträgt 37,5 Stunden pro Woche.

Urlaub
Die Mitarbeiterin / Der Mitarbeiter hat Anspruch auf 30 Urlaubstage
pro Jahr.

14. *Schreiben Sie kurze Texte über diese Personen.*
    Was sind sie von Beruf, was machen sie, gefällt ihnen ihre Arbeit?

Vielleicht korrigiert Ihre Kursleiterin / Ihr Kursleiter.

15. *Welche Komparativform gehört zu welchem Adjektiv? Ergänzen Sie*
    auch den Superlativ.

gut	lieber	_____
viel	wärmer	_____
schön	teurer	_____
warm	besser	_____
nah	mehr	_____
gern	kälter	_____
teuer	schöner	*am schönsten*
kalt	näher	_____

16. *Vergleichen Sie bitte.*
    Probieren Sie so viele Formulierungen wie möglich aus. Wie sagen Sie
    so etwas in Ihrer Muttersprache?

ist so groß / … wie
ist nicht so groß / … wie
ist größer / … als
… ist am größten / …
Der / Die / Das hat (einfach) den größten … /
    die größte … / das größte …

17. *Wissen Sie noch?*

freundlich – unfreundlich
wichtig – unwichtig

a. *Das funktioniert auch hier. Ergänzen Sie bitte.*

übersichtlich   – _____
vorsichtig   – _____
bequem   – _____
typisch   – _____
beliebt   – _____
gefährlich   – _____
ruhig   – _____

b. *Gibt es so eine Verneinung auch in Ihrer Muttersprache?*

18. *Ergänzen Sie nun. Was passt aus Übung 17?*

- Bergsteigen ist ein gefährlicher Sport; jedes Jahr sterben Menschen in den Alpen. Tennisspielen dagegen ist eher

   _____.

- Diese Hose kann ich nicht tragen: Sie ist zu eng und

   _____.

- Karneval feiern – macht man das in Ihrem Heimatland auch oder ist das ganz _____?

- Kein Kind möchte mit Uli spielen. Sie ist _____.

- Finden Sie Zugfahrpläne übersichtlich und klar oder eher

   _____?

- Herr Zabert fährt zu schnell, überholt in Kurven, kurz, er ist

   _____ im Verkehr.

in der Arbeit = in der Firma

- Mein Mann hat Stress in der Arbeit. Jeden Abend ist er sehr nervös und _____.

19. *Hobbys.*

a. *Lesen Sie noch einmal die Anzeigen in Situation 5, Übung 5 (S. 188) und sammeln Sie Hobbys.*

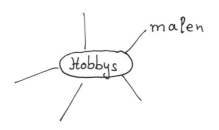

b. *Lesen Sie die folgenden Anzeigen und ergänzen Sie den Wortigel.*

Irene, 28. Zum Reden und Lachen suche ich eine warmherzige, lebensfrohe Freundin. Ich mag Kino, Spieleabende, Radfahren, Bücher, Reisen und fremde Kulturen. *Chiffre DA 992.*

Annett, 27. Ich besuche in den nächsten Jahren eine Abendschule und habe keine Zeit mehr für meine Hobbys (z. B. Lesen, Kino, Mode, Kosmetik). Deshalb suche ich Briefkontakte in Spanisch oder Deutsch. *Chiffre TW 387.*

Manuela, 16. Ich suche eine ehrliche Freundin mit Niveau für Unternehmungen am Wochenende. Meine Hobbys: Lachen, Tanzen, Lesen, Musik, Sprachen, Konzerte etc.
Chiffre DA 876.

Andrea, 21. Ich lerne gern neue Leute kennen und schreibe noch lieber Briefe. Ich freue mich auf Briefe aus der ganzen Welt.
Chiffre AI 765.

Isabell, 28. Ich suche neue Bekannte. Meine Interessen: Autofahren, Spaziergänge, Stadtbummel, Hunde, Konzerte, Kino usw.
Chiffre ER 396

c.   *Und, was sind Ihre Hobbys?*

d.   *Lesen Sie die Anzeigen noch einmal. Markieren Sie die Präpositionen. Ergänzen Sie Ihre Präpositionskarten.*

20. *Hier sind Abkürzungen, die Sie häufig finden. Verbinden Sie.*

etc.	zum Beispiel
z. B.	und Ähnliches
ca.	zirka
usw.	vor allem
u. a.	et cetera
u. Ä.	und so weiter
v. a.	und anderes

Was bedeuten diese Abkürzungen? Kennen Sie noch andere? Wie ist das in Ihrer Muttersprache? Gibt es dort auch solche Abkürzungen?

21. *Wörter verstehen. Diese Begriffe sind aus Situation 7, Übung 1.*

der Weltkrieg = *die Welt + der Krieg*

Jetzt sind Sie dran:

die Seilbahn = _____ _____ + _____ _____
die Vaterstadt = _____ _____ + _____ _____
die Kirchenversammlung = _____ _____ + (n +) _____ _____
der Jahrmarkt = _____ _____ + _____ _____
das Industriegebiet = _____ _____ + _____ _____
das Medienzentrum (Schwer!) = _____ _____ + _____ _____

22. Lesen Sie noch einmal die Städtebeschreibungen in Situation 7 (Übung 1). Was gibt es Besonderes in Ihrer Heimatstadt?

Meine Heimatstadt

_____
_____
_____
_____

Gebäude

_____
_____
_____
_____

Persönlichkeiten

_____
_____
_____
_____

Feste

_____
_____
_____
_____

Industrie

_____
_____
_____
_____

Grünanlagen

_____
_____
_____
_____

Schreiben Sie einen kurzen Text über Ihre Heimatstadt. Vielleicht korrigiert Ihr Lernpartner / Ihre Lernpartnerin Ihren Text.

23. Und Sie? Ergänzen Sie bitte:

Beruf:

_____
_____
_____
_____

Ausbildung:

_____
_____
_____
_____

Arbeitsbedingungen:

_____
_____
_____
_____

Das mache ich gern in meiner Freizeit:

_____
_____
_____
_____

Lektion 7

Abitur *n* **7/3**
aktiv sein **7/3**
als **7/6**
Anfang, Anfänge *m* **7/3**
Anfänger, - *m* /
   Anfängerin, -nen *f* **7/5**
Angelegenheit, -en *f* **7/6**
Annonce, -n *f* **7/5**
ansprechen **7/5**
anzeigen **7/5**
Arbeitnehmer, - *m* / Arbeit-
   nehmerin, -nen *f* **7/6**
arbeitslos **7/3**
Arbeitsplatz, -plätze *m* **7/3**
Ausbildung, -en *f* **7/3**
Aushilfe, -n *f* **7/3**

ausmachen **7/4**
aussuchen **7/5**
Beamte *m* **7/3**
Bedingung, -en *f* **7/3**
bekannt / unbekannt **7/5**
beliebt **7/6**
Beruf, -e *m* **7/3**
berufstätig **7/3**
bestellen **7/7**
Betrieb, -e *m* **7/4**
betrügen **7/5**
Brille, -n *f* **7/5**
Bürgermeister, - *m* / Bürger-
   meisterin, -nen *f* **7/7**
Chef, -s *m* /
   Chefin, -nen *f* **7/2**

deswegen **7/2**
deutlich / undeutlich **7/5**
Druck *m* **7/3**
dumm **7/6**
Durst *m* **7/7**
EDV (Elektronische Daten-
   verarbeitung) *f* **7/3**
eigen- **7/3**
empfehlen **7/6**
erfahren **7/7**
Erziehung *f* **7/4**
fernsehen **7/5**
Fußball *m* **7/6**
gebrauchen **7/4**
gefallen **7/5**
Gehalt, Gehälter *n* **7/4**

genug **7/6**
Gesetz, -e *n* **7/4**
Gewerkschaft, -en *f* **7/3**
Glück *n* **7/5**
Grund, Gründe *m* **7/3**
Hälfte, -n *f* **7/6**
Hausfrau, -en *f* / Hausmann,
   -männer *m* **7/3**
Haushalt, -e *m* **7/3**
Hobby, -s *n* **7/4**
höflich / unhöflich **7/5**
in Ordnung (Ordnung *f*) **7/5**
Ingenieur, -e *m* /
   Ingenieurin, -nen *f* **7/3**
insgesamt **7/4**
Interview, -s *n* **7/4**
jmdm. etwas ansehen **7/5**
Job, -s *m* **7/3**
Karneval *m* **7/6**
Kartoffel, -n *f* **7/6**
Kenntnis, -se *f* **7/4**
Kiosk, -e *m* **7/7**
klar / unklar **7/5**
Klasse, -n *f* **7/1**
Klopapier *n* **7/7**
Kontrolle, -n *f* **7/3**
kühl **7/6**
Kunde, -n *m* **7/4**
langweilig **7/3**
Lehre, -n *f* **7/3**
leicht **7/4**
Loch, Löcher *n* **7/5**
Lohn, Löhne *m* **7/5**
männlich **7/6**
Meinung, -en *f* **7/4**
Mitglied, -er *n* **7/6**
Modell *n* **7/6**
Musiker, - *m* /
   Musikerin, -nen *f* **7/7**
musizieren **7/5**
Nerv, -en (auf die Nerven
   gehen) *m* **7/3**
nützlich **7/4**
offen **7/6**
öffentlicher Dienst (*m*) /
   der öffentliche Dienst **7/3**
ordentlich /
   unordentlich **7/5**
Ordnung *f* **7/5**
persönlich **7/2**

Politiker, - *m* / Politikerin,
   -nen *f* **7/6**
Problem, -e *n* **7/5**
Prozent, -e *n* **7/6**
Rat *m* **7/5**
Rechtsanwalt,
   -anwälte *m* / Rechts-
   anwältin, -nen *f* **7/5**
Region, -en *f* **7/7**
Rente, -n *f* **7/4**
schließlich **7/4**
schmecken **7/5**
Schüler, - *m* /
   Schülerin, -nen *f* **7/3**
schützen **7/6**
Schwangerschaft, -en *f* **7/4**
schwer **7/3**
schwierig **7/3**
Sekretär, -e *m* /
   Sekretärin, -nen *f* **7/3**
selbstständig **7/3**
sinnvoll **7/6**
Speisekarte, -n *f* **7/7**
Sprichwort, -wörter *n* **7/5**
Stress *m* **7/4**
Tanz, Tänze *m* **7/5**
tanzen **7/5**
tätig sein **7/3**
Tätigkeit, -en *f* **7/3**
Team, -s *n* **7/3**
teilen **7/4**
Treffpunkt, -e *m* **7/1**
übernehmen **7/3**
Überstunde, -n *f* **7/4**
üblich **7/1**
Umfrage, -n *f* **7/6**
untereinander **7/5**
unterrichten **7/3**
vegetarisch **7/5**
Verdienst, -e *m* **7/4**
Verein, -e *m* **7/6**
Vertretung, -en *f* **7/4**
Verwaltung, -en *f* **7/3**
voll **7/4**
Wagen, - *m* **7/2**
wie **7/6**
wiedersehen **7/1**
wohl **7/3**
Zigarette, -n *f* **7/7**
zufrieden **7/3**

Zusammenhang,
   -hänge *m* **7/7**
zu tun haben mit **7/4**

Lektion 8

1. *Religion*

a. *Lesen Sie die folgenden Wörter. Lesen Sie dann die Texte und markieren Sie die Wörter, die Sie gelesen haben.*

Bibel	Text		Synagoge	Text
Christentum	Text		Tempel	Text
christlich	Text		Koran	Text
Christ, -in	Text		beten	Text
Buddhismus	Text		Gebet	Text
Buddhist, -in	Text		meditieren	Text
Hinduismus	Text		Gott	Text
Hindu	Text		göttlich	Text
hinduistisch	Text		evangelisch	Text
Islam	Text		katholisch	Text
islamisch	Text		heilig	Text
Moslem	Text		Judentum	Text
Moslimin	Text		Jude	Text
Kirche	Text		jüdisch	Text
kirchlich	Text		Mönch	Text
Moschee	Text		Kloster	Text

Text 1

Islam: Von Mohammed gestiftete (= begründete) Religion. Der Islam ist die jüngste der Weltreligionen. Die Gläubigen bezeichnen sich selbst als Muslime, von anderen werden sie Mohammedaner genannt.

Der Islam glaubt streng an einen einzigen Gott: Dieser besitzt alle Macht und bestimmt das Schicksal (Leben) der Menschen. Gottes Gebote regeln das Leben der Menschen (im Staat) und basieren auf dem Koran. Beim „jüngsten Gericht" werden die Menschen belohnt oder bestraft: Die Gläubigen kommen ins Paradies, die Ungläubigen in die Hölle. Muslime gehen zum Beten und Lehren in die Moschee.

Text 2

Der Hinduismus ist eine indische Religion. Sie ist aus vielen kleinen Religionen (Sekten) entstanden, ungefähr im ersten Jahrhundert vor Christus. Der Hinduismus hat keine Lehre wie die anderen Weltreligionen, nur einige Grundsätze. Im Hinduismus glaubt man, dass jedes Wesen immer neu geboren wird, bis es einmal erlöst wird. Die Wiedergeburt ist auch als Tier möglich – man isst deshalb keine Tiere (Vegetarismus). In den Tempeln verehrt man viele große und kleine Götter.

Text 3

Buddhismus. Der Stifter (Gründer) lebte zwischen 560 und 480 vor Christus. Am Anfang war der Buddhismus eine Gemeinschaft von Mönchen. In ihnen herrschen auch heute noch strenge Gesetze. Die zahlreichen Anhänger des Buddhismus müssen nicht so streng leben. Die Grundidee: Viele Wiedergeburten mit viel Leid muss man ertragen, bis man ins Nirwana eingehen kann: Dies ist die Erlösung vom Leid. Berühmt sind die wunderschönen Klöster.

Text 4

Das Christentum wurde als Religionsgemeinschaft von Jesus Christus begründet. Die Lehre basiert auf der Bibel, im Neuen Testament ist das Leben von Jesus beschrieben. Es gelten für jeden Menschen die Zehn Gebote (altes Testament) und die Vorschriften der Kirche. Das Christentum verspricht eine Auferstehung für die guten Menschen nach dem jüngsten Gericht – die bösen Menschen kommen in die Hölle. Lange Zeit war das Christentum Staatsreligion. Es gibt heute verschiedene Richtungen (evangelisch (Luther / Calvin), katholisch, griechisch-orthodox). Die Christen glauben an einen Gott – dieser verkörpert den Vater, den Sohn und den Heiligen Geist. Die Christen verehren ihren Gott in der Kirche bei gemeinsamen Feiern.

Text 5

Das Judentum ist die älteste Religion, die an einen einzigen Gott glaubt. Am Anfang war die Glaubensgemeinschaft auch eine Volksgruppe (stammt von Abraham ab, Altes Testament), gilt aber heute nicht mehr. Der Treffpunkt der Gläubigen zum Gebet und zum Lesen der Heiligen Schrift ist die Synagoge.

2. *Ergänzen Sie.*

Der Vater meines Vaters ist ___*mein Großvater*___.
Die Schwester meiner Mutter ist _____.
Die Frau meines Bruders ist _____.
Der Mann meiner Tochter ist _____.
Der Sohn meiner Schwester ist _____.
Der Bruder meines Vaters ist _____.
Die Mutter meines Vaters ist _____.
Die Frau meines Sohnes ist _____.
Der Großvater meiner Mutter ist _____.
Der Bruder meiner Frau ist _____.
Die Tochter meines Bruders ist _____.

3. *Rätsel: Wer ist das?*

Es ist ein Kind meiner Eltern, aber es ist nicht mein Bruder und auch nicht meine Schwester.

4. *Und nun etwas ganz anderes: Was fällt Ihnen zu diesem Thema ein? Sammeln Sie.*

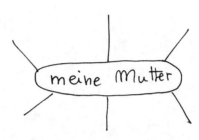

5. *Fitness – welche „Sport"-Wörter können Sie ergänzen?*

F _____

I _____

T _____

N _____

E _____

S _____

S _____

6. *Welche Sportarten mögen Sie im Fernsehen gucken, welche nicht?*
   Ordnen Sie zu.

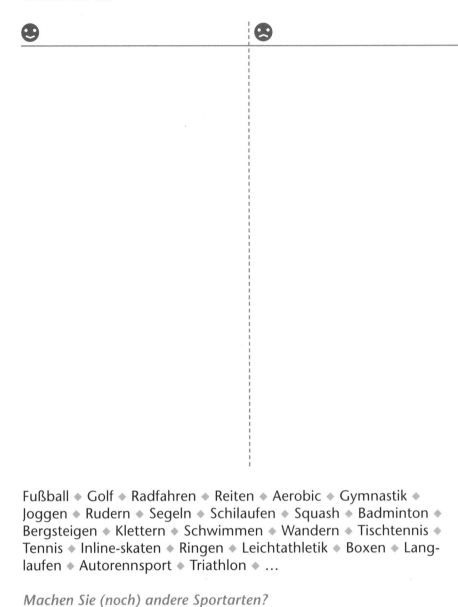

Fußball ◆ Golf ◆ Radfahren ◆ Reiten ◆ Aerobic ◆ Gymnastik ◆
Joggen ◆ Rudern ◆ Segeln ◆ Schilaufen ◆ Squash ◆ Badminton ◆
Bergsteigen ◆ Klettern ◆ Schwimmen ◆ Wandern ◆ Tischtennis ◆
Tennis ◆ Inline-skaten ◆ Ringen ◆ Leichtathletik ◆ Boxen ◆ Lang-
laufen ◆ Autorennsport ◆ Triathlon ◆ …

Machen Sie (noch) andere Sportarten?

7. *Welches Verb passt?*

• Gewicht verlieren: abn_____
• auf einer Reise z.B. eine Kirche anschauen: bes_____
• Das machen Eltern mit ihren Kindern: erz_____
• Man nimmt etwas aus einem Geschäft mit und bezahlt nicht:
  klau_____
• einen Text aus einer Sprache in eine andere übertragen:
  übers_____
• etwas kaputt machen: zers_____

8. *Lesen Sie noch einmal Lektion 8. Sammeln Sie Fragewörter.*
    Schreiben Sie Wortkarten.

Fallen Ihnen noch andere Fragewörter ein?

9. a. *Welches Fragewort passt? Manchmal passen mehrere.*

_____ Religionen gibt es in Ihrem Heimatland?
_____ fahren so viele Menschen mit dem Auto
                    statt mit dem Rad?
_____ fängt Ihr Kurs an?
_____ hat die Reiseleiterin erzählt?
_____ spricht Lidia so gut Deutsch?
_____ ist das mit der Rente in Ihrem Heimatland?
_____ erzählt Werner über den ADFC?
_____ Sprachen sprechen Sie?
_____ kann man in der Bahn das Fahrrad mitnehmen?
_____ kommt Lidia?
_____ Wörter und Wendungen finden Sie wichtig?
_____ warst du denn heute Morgen?
_____ ziehst du in die Oper an?
_____ halten Sie von Fitnessstudios?

Und nun beantworten Sie die Fragen – wenn Sie Lust haben!

    b. *Ergänzen Sie Ihre Wortkarten. Oder schreiben Sie neue.*

10. *Warum gehen wohl so viele Leute in ein Fitnessstudio?*

a. *Sammeln Sie Gründe. (Hilfe finden Sie im Buch auf Seite 226.)*

möchten einen schönen Körper haben ◆ wollen abnehmen ◆
haben Übergewicht ◆ wollen Leute kennen lernen ◆ wollen sich
bewegen ◆ haben Rückenprobleme ◆ machen sonst nie Sport ◆
…

b. *Und nun schreiben Sie.*

Die Leute gehen in Fitnessstudios, …
            weil sie einen schönen Körper haben möchten.
            weil …

11. *Was gehört für Sie zu Schönheit? Wann ist ein Mensch für Sie schön?*

lange Haare / kurze Haare
blaue / grüne / braune Augen
reine Haut
schmales / rundes / ovales Gesicht
breite / volle / schmale Lippen
schlank / füllig
lange / … Beine
…

12. Was ist netter?

☺ ――――――――――――――――― ☹ ―――――――――――――――――

Wann kommst du? ◆ Wann kommst du denn eigentlich? ◆ Sagen
Sie, wann hat Frau Müller Urlaub? ◆ Sagen Sie mal, wann hat denn
Frau Müller Geburtstag? ◆ Wie spät ist es? ◆ Wie spät ist es denn? ◆
Sag was! ◆ Sag doch mal was. ◆ Das ist nicht richtig. ◆ Das ist doch
eigentlich nicht richtig.

*Partikeln wie **denn**, **eigentlich**, **mal** machen die Sprache freundlicher
und höflicher. Probieren Sie es (**doch mal**) aus!
(Mehr dazu in Band 2!)*

*13. Setzen Sie **weil** oder **dass** ein.*

a. Ich möchte heute Abend lieber ins Fitnessstudio, _____
   ich schon wieder zugenommen habe.
b. Sie sagt, _____ es draußen kalt ist.
c. Ich ziehe noch schnell einen Pullover an, _____ es
   draußen kalt ist.
d. Sag ihr lieber, _____ wir wahrscheinlich nicht kommen,
   ich hab nämlich echt keine Lust.
e. Warum ich nicht mitkomme? Ganz einfach, _____
   ich keine Lust habe.
f. Mein Computer funktioniert nicht, _____ er einen
   Virus hat.
g. Ich bin sicher, _____ ich bald einen neuen Kühlschrank
   brauche.
h. _____ ich jeden Tag übe, kann ich wirklich schon
   gut Deutsch.

14. *Setzen Sie* **weil** *oder* **denn** *ein.*

    a. Hol bitte den Arzt, _____ es geht mir wieder schlechter.

    b. _____ es ihm wieder schlechter geht, habe ich den Arzt geholt.

    c. Ihr war heute Abend schlecht, _____ sie den ganzen Tag nichts getrunken hat.

    d. _____ er regelmäßig Sport macht, nimmt er einfach nicht zu.

    e. Ich hol nur schnell den Regenschirm, _____ es regnet bestimmt gleich.

    f. Er verdient so viel, _____ er so viele Überstunden macht.

    g. Herr Otto fährt diesen Sommer wieder nach Weimar, _____ er ist ein Goethe-Fan.

    h. _____ dieses Jahr Goethe-Jahr ist, spricht jeder über den Dichter und Schriftsteller, aber kaum einer liest etwas von ihm.

15. *er oder* **man?**

    1. _____ soll jeden Tag drei Liter trinken.

    2. _____ muss täglich 3 Liter Tee trinken, weil _____ eine Blasenentzündung hat.

    3. Hinter der Kirche kann _____ parken, da ist ein öffentlicher Parkplatz.

    4. Hier kann _____ nicht parken, hier ist doch Parkverbot.

    5. Da kann _____ mit seinem Auto nicht parken, der Parkplatz ist zu eng.

    6. Mit der Concorde ist _____ in ungefähr drei Stunden in New York.

    7. Der Fernseher ist kaputt, da kann _____ nichts machen.

    8. Kann _____ den Fernseher noch reparieren, was meinen Sie?

    9. Komm, wir fragen Onkel Klaus, _____ kann das Gerät sicher reparieren.

    10. Ohne Pass kommt _____ nicht über die Grenze.

16. *Machen Sie Vokabelkarten mit Konjunktionen.*
    Suchen Sie typische Satzbeispiele in Lektion 8 und übersetzen Sie.

aber

Das ist viel Arbeit, macht aber auch viel Spaß.

Doch, es ist aber leider so.

Übersetzung:

---

weil

Übersetzung:

---

denn

Übersetzung:

---

dass

Übersetzung:

oder	Übersetzung:

und	Übersetzung:

18. Welche Wörter in der Wortliste (Seite 97) passen in einer Mindmap zum Wort Fitness?

    a.   Lesen Sie die Wortliste und tragen Sie alle Begriffe ein, die passen.

    b.   Lesen Sie die Liste einen Tag später noch einmal und markieren Sie die Wörter, die Sie noch nie (!) gesehen haben.

    c.   Überlegen Sie dann: Möchte ich dieses Wort / diese Wörter lernen? Ja? Dann machen Sie Vokabelkarten.

17. Und Sie? Ergänzen Sie.

Sind Sie gläubig? _____

Ihre Religionszugehörigkeit? _____

Sind Sie sportlich? _____

Lektion 8

abbauen **8/5**
aber **8/5**
abnehmen **8/4**
achten (auf) **8/4**
Akzent, -e *m* **8/6**
allgemein **8/8**
Alter *n* **8/4**
anbieten **8/8**
anders **8/5**
anerkennen **8/6**
Anlage, -n *f* **8/8**
Anregung, -en *f* **8/4**
Anreise, -n *f* **8/3**
anschließend **8/8**
aufmerksam
  machen (auf) **8/5**
ausgezeichnet **8/6**
außer **8/4**
Autobahn, -en *f* **8/1**
baden **8/5**
begrüßen (zu) **8/1**
bereits **8/8**
beschreiben **8/4**
besichtigen **8/7**
Bibel, -n *f* **8/3**
billig **8/4**
Branche, -n *f* **8/8**
bringen **8/5**
bzw. = beziehungsweise **8/4**
Chemie *f* **8/5**
danken (für) **8/1**
dass **8/1**
dauernd **8/8**
denn **8/6**
Diskussion, -en *f* **8/7**
durchschnittlich **8/8**
einige **8/6**
Einzel- **8/4**
einziehen **8/4**
entschuldigen **8/4**
erhöhen (sich) **8/8**
erscheinen **8/4**
erziehen **8/2**
Existenz *f* **8/5**
existieren **8/8**
fallen **8/4**
fast **8/8**

folgen **8/8**
Fremdwort, -wörter *n* **8/8**
Freude, -n *f* **8/1**
fühlen (sich) **8/8**
Führung, -en *f* **8/1**
Gebühr, -en *f* **8/8**
Geburt, -en *f* **8/1**
Gerät, -e *n* **8/8**
Gewicht *n* **8/8**
gewinnen (an Bedeutung
  gewinnen) **8/8**
Grab, Gräber *n* **8/1**
günstig **8/4**
Haut, Häute *f* **8/8**
herrlich **8/5**
hinten (dahinten) **8/5**
Holz, Hölzer *n* **8/3**
jährlich **8/4**
jeweils **8/8**
kämpfen **8/7**
klauen **8/4**
Kloster, Klöster *n* **8/1**
kommerziell **8/8**
konzentrieren (sich) **8/6**
körperlich **8/8**
kostenlos **8/4**
kräftig **8/8**
Lautsprecher, - *m* **8/1**
man **8/4**
öffnen **8/8**
pflanzen **8/1**
Preis, -e *m* **8/3**
pro **8/8**
profitieren von **8/8**
protestieren **8/7**
Radfahrer, - *m* **8/4**
Redaktion, -en *f* **8/3**
Reform, -en *f* **8/7**
Reihenfolge, -n *f* **8/1**
Religion, -en *f* **8**
Sand *m* **8/5**
schlagen **8/3**
Schlagzeile, -n *f* **8/5**
solch- **8/8**
später **8/3**
Spur, -en *f* **8/1**
statt **8/4**

sterben **8/2**
stimmen **8/4**
streichen **8/8**
streng **8/2**
Studio, -s *n* **8/8**
Studium, Studien *n* **8/2**
super **8/8**
teilnehmen (an) **8/1**
tief **8/4**
Tourismus *m* **8/5**
trainieren **8/8**
Training *n* **8/8**
treiben (Sport –) **8/4**
Typ, -en *m* **8/4**
übersetzen **8/3**
Unsinn *m* **8/8**
unterbrechen **8/4**
unterstreichen **8/8**
verabreden **8/8**
veranstalten **8/3**
verbringen **8/8**
Vergleich, -e *m* **8/4**
vergrößern **8/8**
verlangen **8/7**
vermuten **8/8**
verrückt **8/1**
verstecken **8/3**
Vortrag, -träge *m* **8/4**
wahr sein **8/4**
warum **8/6**
weil **8/6**
wenig **8/2**
wenigstens **8/8**
werden **8/5**
wie viel- **8/4**
woanders **8/5**
zerstören **8/5**

Lektion 9

1. *Sie waren auf einem Fest. Was haben Sie gegessen und getrunken?*
    Markieren Sie. Machen Sie dann auch gleich Übung 2–4, bitte.

    viel Wein getrunken ▦
    ein Glas Wein getrunken ▦
    viel Bier getrunken ▦
    ein Glas Bier getrunken ▦
    nur Mineralwasser getrunken ▦
    Cola, Fanta oder _____ getrunken ▦
    Cocktails getrunken ▦
    Orangensaft getrunken ▦
    _____saft getrunken ▦
    auch Cognak oder _____ getrunken ▦
    zu viel Chips gegessen ▦
    Chips gegessen ▦
    Erdnussflipps gegessen ▦
    zu viel Erdnussflipps gegessen ▦
    belegte Brote gegessen ▦
    Häppchen gegessen ▦
    nichts gegessen ▦
    nichts getrunken ▦

2. *Sie fühlen sich sehr schlecht. Sie haben gestern Abend zu viel*
    gegessen und zu viel getrunken.

    Hätte ich doch nicht auch noch _____ gegessen.
    Hätte ich doch nicht auch noch _____ getrunken.
    Hätte ich doch nicht so viel _____ gegessen.
    Hätte ich doch nicht so viel _____ getrunken.

3. *Sie waren zu einem Abendessen eingeladen. Was haben Sie gegessen*
    und getrunken? Markieren Sie. (Streichen Sie, was nicht passt)

    viel Wein getrunken ✕
    ein Glas Wein getrunken ▦
    viel Bier getrunken ▦
    ein Glas Bier getrunken ▦
    nur Mineralwasser getrunken ▦
    Cola, Fanta oder _____ getrunken ▦
    Cocktails getrunken ▦
    Orangensaft getrunken ▦
    _____saft getrunken ▦
    auch Cognak oder _____ getrunken ▦

zu viel Vorspeise gegessen ▦
keine Vorspeise gegessen ▦
kaum Vorspeise gegessen ▦
zu viel Braten gegessen ▦
kaum Braten gegessen ▦
kein Fleisch gegessen ▦
zu viel Fisch gegessen ▦
kaum Fisch gegessen ▦
keinen Fisch gegessen ▦
kaum Beilage gegessen ▦
keine Beilage gegessen ▦
zu viel Beilage gegessen ▦
keine Nachspeise gegessen ▦
kaum Nachspeise gegessen ▦
zu viel Nachspeise gegessen ▦
keinen Käse gegessen ▦
zu viel Käse gegessen ▦
kein Obst gegessen ▦
zu viel Obst gegessen ▦

4. *Sie fühlen sich sehr schlecht. Sie haben gestern Abend zu viel gegessen und zu viel getrunken.*

   • Hätte ich doch nicht auch noch (eine zweite / dritte / ... Portion
     _____ gegessen.
   • Hätte ich doch nicht auch noch (ein zweites / drittes / ... Glas)
     _____ getrunken.
   • Hätte ich doch nicht so viel _____ gegessen.
   • Hätte ich doch nicht so viel _____ getrunken.

5. *Wörter verstehen. Was ist ...*

   die Todesnachricht = _____ _____ + (es +) _____ _____
   der Briefbogen = _____ _____ + _____ _____
   der Windstoß = _____ _____ + _____ _____
   der Rettungshubschrauber = _____ _____ + (s +) _____ _____
   die Tageszeitung = _____ _____ + (es +) _____ _____

6. *Welche Präpositionen passen?*

   reagieren   von
   verzichten   auf
   berichten   an
   Freude haben

7. Denken Sie an Ihre Präpositionskarten?

8. Und jetzt schreiben Sie bitte Beispielsätze zu den Verben in Aufgabe 6.

9. a. Bei Telefongesprächen verwendet man im Deutschen oft bestimmte Formulierungen. Ordnen Sie zu, welche zum Beginn eines Gesprächs passen, welche zum Ende.

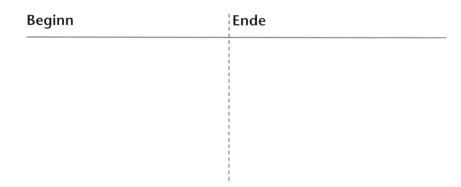

Beginn	Ende

Guten Tag, hier ist Barbara Zwisler. ◆ Meldest du dich wieder? ◆ Ja, grüß dich! ◆ Hallo, Christian, hier ist Matthias. ◆ Ich rufe dich bald wieder an. ◆ Na ja, es geht so. ◆ Danke für deinen Anruf. ◆ Mach's gut. ◆ Wie geht es Ihnen denn? ◆ Bis bald! ◆ Ich rufe an wegen … ◆ Grüßen Sie bitte Ihre Frau von mir. ◆ Das ist schön, dass du anrufst. ◆ Alles klar! ◆ Grüß Peter. ◆ Bis dann! ◆ Das ist gut, dass Sie jetzt anrufen.

b. Übersetzen Sie die Ausschnitte in Ihre Muttersprache.

10. Welche Bitte klingt höflicher? Ordnen Sie zu.

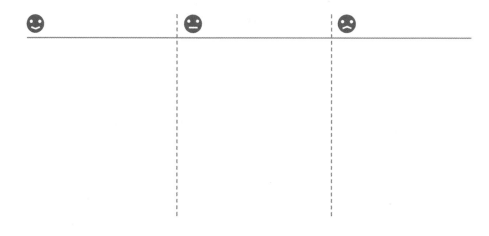

Helfen Sie mir. ◆ Können Sie mir helfen? ◆ Könnten Sie mir bitte helfen. ◆ Wie spät ist es denn bitte? ◆ Sagen Sie mir, wie spät es ist. ◆ Entschuldigen Sie, wissen Sie, wie spät es ist? ◆ Ich habe Durst. ◆ Gibst du mir bitte ein Glas Wasser? ◆ Ich hätte gern ein Glas Wasser. ◆ Ich nehme mir eine Zigarette von dir. ◆ Kann ich eine Zigarette von dir haben? ◆ Könnte ich bitte eine Zigarette von dir haben? ◆ ...

11. Geben Sie Ratschläge.

Situation:
Ihre Freundin ist erkältet. Aber sie raucht, arbeitet zu viel, schläft zu wenig und zieht keine warme Kleidung an. Sie isst kaum. Sie isst keine Orangen, trinkt keinen Zitronensaft und nimmt keine Vitamine. Sie nimmt aber auch keine Medikamente.

Ergänzen Sie die Sätze und schreiben Sie weitere Ratschläge.

Beispiele:

a. „Also, ich an deiner Stelle würde nicht _____ und ich würde nicht mehr so viel _____.

_____
_____
_____
_____
_____
_____ "
_____

b. Du solltest auch wärmere Kleidung _____ und du solltest mehr _____.

_____
_____
_____
_____ "
_____

c. „Wenn ich du wäre, dann würde ich _____.

_____
_____
_____
_____
_____ "

12. *Ratschläge geben. Wie Aufgabe 11.*

Situation:

Ihrem Freund gefällt seine Arbeit nicht, er hat auch Probleme mit dem Chef. Aber er spricht nicht mit seinem Chef darüber. Er liest auch keine Stellenanzeigen und bewirbt sich nicht. Er hat jeden Abend schlechte Laune und redet auch privat nicht über seine Probleme.

13. *Ratschläge geben. Wie Aufgabe 11.*

Situation:

Ihre Freundin hat kein Geld. Aber sie kauft viele neue Kleider, geht oft ins Restaurant zum Essen, hat sich gerade einen neuen Fernseher und ein neues Sofa gekauft. Außerdem kauft sie nur in dem Feinkostladen an der Ecke ein.

14. *Ratschläge geben. Wie Aufgabe 11.*

Situation:

Ihre Freundin ist einsam. Sie wohnt in einer neuen Stadt und kennt keine Leute. Was soll sie tun? Wie kann sie Leute kennen lernen?

15. *Wahrscheinlichkeit / Möglichkeit ausdrücken. Ordnen Sie die Begriffe in die Tabelle ein.*

vielleicht ◆ wahrscheinlich ◆ Ich denke, dass ... ◆ eventuell ... ◆
ganz sicher ... ◆ möglicherweise ... ◆ Ich bin überzeugt, dass ... ◆
Ich vermute ...

man ist sich ziemlich sicher	man ist sich nicht (ganz) sicher

16. *Hier sind 7 Verben (Infinitiv) versteckt. Finden Sie sie?*

BVENTSPRECHENODALERINNERNDLACHENENZITDARSTATT
FINDENDANMELDENPAILTRÖSTENLALZTRAUERNOPL

17. *Was ist das? Ordnen Sie zu.*

a.	bedauern	1.	Ergebnis einer (intensiven) Arbeit
b.	ehrlich sein	2.	größerer Teil von Personen
c.	Leistung	3.	etwas / jemand tut einem Leid
d.	Mehrheit	4.	sehr schlecht, sehr unangenehm
e.	furchtbar	5.	die Wahrheit sagen

18. *Was passt zu ...?*

materiellem Wohlstand	geistigem Reichtum

Besinnlichkeit ◆ Luxusauto ◆ Menschenfreundlichkeit ◆ Philosophie
◆ Segelyacht ◆ Literatur ◆ klassische Musik ◆ Dichtung ◆ Bildhauerei
◆ Malerei ◆ Golfclub ◆ dickes Bankkonto ◆ Zufriedenheit ◆ Beschei-
denheit ◆ Wochenendhaus ◆ Luxusvilla ◆ Natur ◆ Ruhe

19. *Wie heißt das Gegenteil? Verbinden Sie.*

ablehnen	aufwachen
gefallen	verschlechtern
verbessern	zustimmen
einschlafen	öffnen
erlauben	verbieten
schließen	missfallen

20. Michael ist …

a. Was denken Sie? Was sollte / müsste / könnte man tun, wenn man
    arbeitslos ist? Markieren Sie.

    die Situation positiv sehen
    Bewerbungen schreiben
    Stellenanzeigen lesen
    im Freundeskreis fragen
    Firmen besuchen
    zum Arbeitsamt gehen
    Hobbys pflegen
    Musik machen
    Sport treiben
    Urlaub machen
    neue Aufgabe(n) suchen
    neuen Beruf erlernen
    Fremdsprachen erlernen
    EDV-Kurs machen

b. So können Sie das schreiben:

    Man könnte _____.
    Ich würde _____.
    Vielleicht sollte man _____.

    Haben Sie noch andere Ideen?

21. Beileid und gute Wünsche. Was sagen Sie in diesen Situationen?
    Schreiben Sie die Ausdrücke zu den Situationen. Wie sagen Sie das
    in Ihrer Muttersprache? Ergänzen Sie.

    jemand ist gestorben _____
    _____
    _____

    jemand hat geheiratet _____
    _____
    _____

    ein Kind ist auf die Welt gekommen _____
    _____
    _____

jemand hat Geburtstag _____

_____

_____

jemand hat eine Prüfung bestanden _____

_____

_____

Wenn Sie eine schlechte Nachricht hören (z. B. ein Paar lässt sich scheiden). _____

_____

_____

Herzlichen Glückwunsch zum Geburtstag.
Herzlichen Glückwunsch und alles Gute.
Gratuliere.
Das tut mir aber wirklich Leid.
Das ist aber eine traurige Nachricht.
Da freue ich mich für Sie.
Das ist aber eine freudige Überraschung.
Ich wünsche Ihnen alles Gute für Ihren zukünftigen Lebensweg.
Da wünsche ich Ihnen und Ihrem Kind alles Gute.
Mein herzliches Beileid.
Mein aufrichtiges Beileid.

22. *Wissen Sie noch?*

arbeitslos = ohne Arbeit
kinderlos = ohne Kinder

Das funktioniert auch hier: Was ist ...
fehlerlos = _____
fleischlos = _____
wolkenlos = _____
schmerzlos = _____
zwecklos = _____
gedankenlos = _____
gehörlos = _____

23. *Was passt? Setzen Sie die Wörter aus Übung 22 ein. Achten Sie auf die richtige Endung.*

- Johanne ist Vegetarierin, d.h. sie isst nur _____ Essen.
- Wunderbar, alles richtig! Eine _____ Arbeit!
- Eine _____ Therapie zur Behandlung von Rheuma gibt es leider noch nicht.
- „Hast du an den Müll gedacht? Nein? Typisch! Du bist echt ein total _____ Mensch!"
- Gib's auf. Es ist _____ mich zu einer Radtour überreden zu wollen. Ich habe einfach keine Lust.
- Morgen erwartet uns ein _____ Tag: den ganzen Tag nur Sonne, Sonne, Sonne.
- _____ Menschen sind im Straßenverkehr besonderen Gefahren ausgesetzt.

24. *Hier sind 10 Begriffe aus Lektion 9 versteckt. Finden Sie sie?*

I	J	I	Q	R	I	T	M	O	M	A	D
N	A	B	S	T	I	M	M	U	N	G	E
S	N	R	G	E	F	Ü	H	L	G	L	P
T	T	O	E	F	H	L	J	U	K	A	Ö
R	R	S	E	R	F	O	L	G	M	U	I
U	A	C	Z	W	R	Ü	Q	R	E	B	Z
M	G	H	U	A	N	T	E	N	N	E	R
E	R	Ü	T	Ä	T	I	G	K	E	I	T
N	F	R	T	A	B	B	C	I	V	I	W
T	G	E	H	Ö	R	E	N	M	I	E	D

1. _____   6. _____
2. _____   7. _____
3. _____   8. _____
4. _____   9. _____
5. _____   10. _____

25. a. *Was ist das? Zeichnen Sie:*

der Berg
die Burg
die Gaststätte
das Konzert
die Verletzung

b. *Haben Sie schon Ihre Wortkarten?*

26. *Was ist der Unterschied zwischen diesen Begriffen?*

Freund / Freundin
Bekannte / Bekannter
Verwandte / Verwandter
Lebensgefährte / Lebensgefährtin
Ehepartner

27. *Und Sie? Ergänzen Sie bitte.*

Wenn Sie Millionär wären, was würden Sie tun?

Dann würde ich ...

1. _____.
2. _____.
3. _____.
4. _____.
5. _____.
6. _____.
7. _____.
8. _____.

Lektion 9

ablehnen **9/1**
Abstimmung, -en *f* **9/1**
aktuell **9/3**
ein Angehöriger /
   eine, der, die Angehörige,
   Angehörigen **9/4**
angucken **9/2**
Antenne, -n *f* **9/3**
Antrag, Anträge *m* **9/2**
Arbeitslosigkeit *f* **9/3**
ausführlich **9/4**
außerhalb **9/3**
Bedauern *n* **9/4**
Beerdigung, -en *f* **9/4**
begabt **9/3**
begegnen **9/4**
Begriff, -e *m* **9/2**
Begründung, -en *f* **9/2**
Behörde, -n *f* **9/2**
Beileid *n* **9/4**
bekanntgeben **9/4**
Berg, -e *m* **9/4**
berichten (von) **9/4**
besondere- **9/2**
bestimmt **9/2**
beten **9/2**
Broschüre, -n *f* **9/2**
Burg, -en *f* **9/2**
ca. = zirka **9/2**
Ehe, -n *f* **9/1**
ehrlich **9/4**
einrichten **9/2**
einschlafen **9/4**
endgültig **9/3**
endlich **9/3**
entscheiden **9/1**
entsprechen **9/1**
enttäuscht **9/1**
Erfolg, -e *m* **9/3**
erinnern (an) **9/4**
erlauben **9/2**
erlaubt **9/3**
Erwerbstätigkeit *f* **9/3**
Fach, Fächer *n* **9/3**
furchtbar **9/2**
Gaststätte, -n *f* **9/2**
Gedanke, -n *m* **9/3**

Gefühl, -e *n* **9/4**
Gegensatz, -sätze *m* **9/1**
gehören **9/2**
genehmigen **9/2**
Glaube *m* **9/3**
glauben **9/4**
glücklich / unglücklich **9/3**
hoch **9/4**
Instrument, -e *n* **9/3**
interessieren (sich) **9/2**
irgend- (wann) **9/2**
Kampagne, -n *f* **9/1**
Kapitel, - *n* **9/4**
klassisch **9/3**
Konzert, -e *n* **9/2**
Kultur, -en *f* **9/2**
kümmern (sich – um) **9/3**
Lebensgefährte, -n *m* /
   Lebensgefährtin,
   -nen *f* **9/4**
leider **9/3**
leisten **9/4**
Leistung, -en *f* **9/3**
los werden **9/4**
Maler, - *m* / Malerin,
   -nen *f* **9/3**
Material, Materialien *n* **9/2**
Mehrheit, -en *f* **9/1**
melden **9/1**
miteinander **9/1**
mitfühlen **9/4**
Mitteilung, -en *f* **9/4**
möglich **9/2**
nötig sein **9/1**
notwendig **9/3**
nun **9/2**
positiv **9/3**
Produkt, -e *n* **9/2**
Projekt, -e *n* **9/1**
Qualität *f* **9/3**
reagieren **9/4**
rechnen (mit) **9/3**
Regel, -n *f* **9/4**
Rolle, -n *f* / eine Rolle
   spielen **9/3**
schaffen **9/2**
schließen **9/3**

Schwierigkeit, -en *f* **9/3**
selbst **9/3**
Sinn *m* **9/3**
Sitz, -e *m* **9/2**
sowieso **9/3**
Staat, -en *m* **9/3**
Standard, -s *m* **9/3**
Start, -s *m* **9/4**
stattfinden **9/2**
stimmen (für / gegen) **9/1**
stoppen **9/4**
Technik, -en *f* **9/2**
technisch **9/2**
Thema *n* **9/2**
tödlich **9/4**
tot **9/4**
Trauer *f* **9/4**
trauern **9/4**
Trost *m* **9/4**
trösten **9/4**
Überzeugung, -en *f* **9/4**
Umgang *m* **9/4**
Unfall, -fälle *m* **9/3**
Unglück, -e *n* **9/4**
Unterschied, -e *m* **9/2**
verbessern **9/3**
verhalten (sich) **9/4**
verletzt **9/4**
Verletzung, -en *f* **9/4**
verlieren **9/3**
verschieden **9/4**
verunglücken **9/4**
verzichten **9/4**
Vorbereitung, -en *f* **9/3**
Vordergrund, -gründe *m* **9/3**
Wahl, -en *f* **9/1**
wahrscheinlich **9/2**
Wärme *f* **9/4**
wegen **9/3**
weiterkommen **9/3**
wenn **9/3**
Wert, -e *m* **9/3**
wert sein **9/3**
zählen **9/3**
Ziel, -e *n* **9/2**
zustimmen **9/3**

Lektion 10

1. *Lesen Sie das Gedicht.*

    Alltag

*ich stehe auf	Ich erhebe mich.*
	Ich kratze mich.
	Ich wasche mich.
	Ich ziehe mich an.
	Ich stärke mich.
	Ich begebe mich zur Arbeit.
	Ich informiere mich.
	Ich ärgere mich.
	Ich beschwere mich.
	Ich rechtfertige mich.
**ugs. für:	Ich reiße mich am Riemen.**
Selbstkontrolle haben	Ich entschuldige mich.
	Ich beeile mich.
	Ich verabschiede mich.
	Ich setze mich in ein Lokal.
*** nicht hungrig = satt =>	Ich sättige mich.***
sich sättigen =	Ich betrinke mich.
genug essen	Ich amüsiere mich etwas.
	Ich mache mich auf den Heimweg.
	Ich wasche mich.
	Ich ziehe mich aus.
	Ich fühle mich sehr müde.
	Ich lege mich schnell hin.

    Was soll aus mir mal werden,
    wenn ich mal nicht mehr bin?

2. *Welche Verben sind für Sie wichtig?*
    Markieren Sie sie und ab –> in die Wörterkiste!

sich ~~kratzen~~ Ich ~~kratze~~ mich.	Übersetzung:
sich _____ Ich _____ mich.	Übersetzung:

3. Das Gedicht beschreibt den Alltag, d. h. den Tagesablauf einer Person. Wie sieht Ihr Tagesablauf aus? Sammeln Sie Verben. Was machen Sie

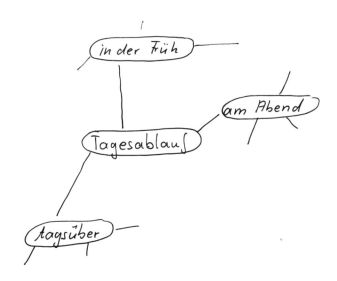

4. In Lektion 10 finden Sie einige Wörter, die mit Natur zu tun haben. Sammeln Sie.

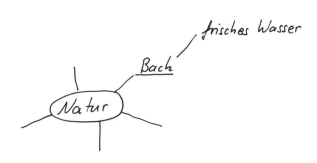

5. Welche Verben finden Sie?

behindernbeschließenklingenhassenscheinengenießenbetonendrucken

_____

_____

_____

6. *Interessieren Sie sich für Literatur? Hier sind die Biografien einiger deutscher Autoren.*

   a. *Unterstreichen Sie alle Präteritum-Formen. Wie lautet der Infinitiv? Was bedeutet das Verb in Ihrer Muttersprache?*

   Bertolt Brecht, geboren 1898 in Augsburg. <u>Studierte</u> von 1917 bis 1921 Medizin in München. <u>Wurde</u> 1923 Dramaturg an den Münchener Kammerspielen, 1924–1926 Dramaturg am Deutschen Theater in Berlin, dann freier Schriftsteller. <u>Emigrierte</u> 1933 über verschiedene Länder nach den USA. <u>Lebte</u> in Santa Monica bei Hollywood. Ging 1947 nach Zürich, 1948 nach Berlin-Ost (DDR). <u>Gründete</u> 1949 das Berliner Ensemble. <u>Starb</u> 1956 in Berlin-Ost.

studierte	*studieren*	_____
wurde	_____	_____
emigrierte	_____	_____
lebte	_____	_____
gründete	_____	_____

   Achim von Arnim, geboren 1781 in Berlin. Studierte Naturwissenschaften in Halle und Göttingen. Freundschaft mit Brentano. Hielt sich nach Reisen in die Schweiz, nach Frankreich und England in Berlin und Heidelberg (1805) auf. 1806 ging Arnim nach Göttingen, 1807 nach Königsberg, 1808 wieder nach Heidelberg und Ende desselben Jahres nach Berlin, wo er Bettina, Brentanos Schwester, heiratete. Nach dem Feldzug 1813–1814, den er als Hauptmann mitmachte, wohnte er auf seinem märkischen Gut Wieperdorf. Starb dort 1831.

_____	_____	_____
_____	_____	_____
_____	_____	_____
_____	_____	_____
_____	_____	_____

   Theodor Fontane, geboren 1819 in Neuruppin. Wurde in Berlin Apotheker, Kontakt mit den literarischen Kreisen Berlins. 1849 heiratete er und gab den Apothekerberuf auf. 1855–1859 war er Berichterstatter in England, in den Kriegen der Bismarck-Ära Kriegsberichterstatter. 1870–1890 Theaterkritiker der *Vossischen Zeitung*. Schrieb erst seit etwa 1870 Romane. Starb 1898 in Berlin.

_____	_____	_____
_____	_____	_____
_____	_____	_____
_____	_____	_____
_____	_____	_____

Alfred Döblin, geboren 1878 in Stettin als Sohn eines Kaufmanns. Kam 1888 nach Berlin. Studium der Medizin, promovierte 1905 in Freiburg/Breisgau und war von 1911 bis 1933 Facharzt für Nervenkrankheiten in Berlin. Emigrierte 1933 nach Zürich, dann nach Paris und 1940 nach den USA. Konvertierte zum Katholizismus. 1945 wieder in Deutschland, 1953–1956 in Paris, starb 1957 in Emmendingen.

————————— ————————— —————————
————————— ————————— —————————
————————— ————————— —————————
————————— ————————— —————————
————————— ————————— —————————

Franz Kafka, geboren 1883 in Prag. Studierte 1901–1906 Jura in Prag und München. Begann 1907 mit schriftstellerischen Arbeiten. Wurde 1898 Angestellter der Arbeiter-Unfall-Versicherungsanstalt in Prag. 1909 bis 1914 unternahm er verschiedene Auslandsreisen. Seit 1917 tuberkulosekrank. Zog 1923 nach Berlin. Starb 1924 in einem Sanatorium bei Wien.

————————— ————————— —————————
————————— ————————— —————————
————————— ————————— —————————
————————— ————————— —————————
————————— ————————— —————————

b. *Markieren Sie nun alle wichtigen Wörter und Strukturen. Verfassen Sie Ihre eigene Kurzbiografie. Zeigen Sie sie Ihrer Lernpartnerin / Ihrem Lernpartner / oder Ihrer Kursleiterin / Ihrem Kursleiter.*

7. *Unterstreichen Sie die Präteritumformen. Wie heißt der Infinitiv?*

beschloss ◆ zustimmen ◆ genoss ◆ angezündet ◆ behindert ◆ betraf ◆ bedauern ◆ gelang ◆ klang ◆ tröstet ◆ prüfte ◆ rief ◆ meldet ◆ reagierte ◆ verunglückte ◆ sprang ◆ verbessert

———————————————————————————————
———————————————————————————————
———————————————————————————————
———————————————————————————————
———————————————————————————————
———————————————————————————————
———————————————————————————————
———————————————————————————————
———————————————————————————————
———————————————————————————————

8. *Was ist das Gegenteil? Verbinden Sie?*

sinken	behindern
einschalten	lieben
hassen	abnehmen
kritisieren	steigen
unterstützen	ausschalten
zunehmen	loben

9. *Hier sind 8 Begriffe versteckt, die mit Tourismus zu tun haben. Finden Sie sie?*

ERTSSDFFGASTKLOPIPENSIONDGGETRAGGURLAUBKOFFERD
GROAJREISOUVENIRSJIIEHLKJUNTERKUNFTSOEOJEJSTAUJOIEOI
JFVERKEHR

_____

_____

_____

10. *Was fällt Ihnen noch zum Thema Tourismus ein? Machen Sie einen Wortigel.*

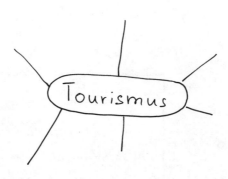

11. *Man sagt, dass jedes Sternzeichen bestimmte Charaktereigenschaften besitzt.*

a. *Lesen Sie.*

„Fische sind romantische Wesen. … Sie lieben schönen Schmuck, tolle Kleidung und schöne Schuhe. Und Menschen."

„Bei Wassermännern ist immer etwas los. Sie können ziemlich extrem sein, haben ungewöhnliche Ideen und Hobbys. Sie können abwesend sein, im nächsten Augenblick aufbrausend oder entzückend. Sie haben viel Fantasie und sind oft genial."

„Steinböcke sind meist zuverlässig wie eine 1. Wenn ein Steinbock sagt, er kommt, dann kommt er."

„Schützen sind ehrlich und humorvoll. Sie sind ehrlich und positiv."

„Skorpione sind große Individualisten. Aber sie sind nicht so düster und finster, wie man im Allgemeinen sagt."

„Waage-Menschen sind feinfühlig und musisch. Gute Kleidung ist ihnen wichtig. Meist sind sie sehr gebildet."

„Jungfrauen sind vielseitig und kompliziert."

„Löwe-Menschen haben sehr viel Energie. Sie sind dominant, elegant und stark. Dazu sind sie meist auch mutig."

„Von den Krebsen sagt man, dass sie sehr sensibel, gefühlvoll und fantasievoll sind. Aber nach außen kühl."

„Stiere sind wunderbare Menschen. Sie sind realistisch, friedlich und fleißig."

„Zwillinge sind anstrengend. Sie habe viele Ichs und immer wieder neue Ideen."

„Widder sind voller Energie und sehr direkt. Sie sind sehr sportlich, wahrscheinlich, weil sie sehr unruhig sind und sich gern bewegen."

b. *Unterstreichen Sie die Adjektive, die Eigenschaften charakterisieren. Welche Wörter möchten Sie lernen? Ab –> in die Wörterkiste damit!*

<u>anstrengend</u>

eine anstrengende Arbeit
ein anstrengender Mensch
Das ist mir zu anstrengend.

Übersetzung:

12. *Lesen Sie noch mal den Text auf Seite 277. Machen Sie einen Wortigel.*

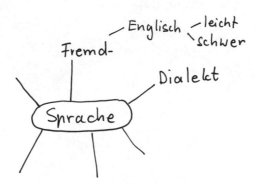

13. *Was passt? Setzen Sie ein.*
    Es gibt viele Zusammensetzungen mit Sprache, z. B. **Muttersprache, Hochsprache, Kindersprache, Zeichensprache, Umgangssprache.**

    a. Deutsch ist nicht meine _____.
    b. Wenn Kinder statt „Hund" „Wauwau" sagen, nennt man das _____.
    c. Wenn man gutes, klares Deutsch spricht, nennt man das _____.
    d. Wenn man salopp redet, nennt man das _____.
    e. Taubstumme (Menschen, die nicht hören und sprechen können) verwenden die _____.

14. *Redewendungen mit Tieren. Verbinden Sie.*

1. Ein blindes Huhn findet auch mal ein Korn.
2. Das pfeifen die Spatzen von den Dächern.
3. Eine Schwalbe macht noch keinen Sommer.
4. Er ist der Hahn im Korb.

a. Das weiß schon jeder.
b. Ein Mann und viele Frauen. Deshalb ist er der Mittelpunkt.
c. Man schafft etwas, aber man hat dafür eigentlich kein Talent.
d. Nur weil ein Anzeichen positiv ist, muss noch nicht alles gut gehen.

15. *Literatur: Ordnen Sie zu:*

Sachbücher	Belletristik

Krimi ◆ Kinderbuch ◆ Reiseführer ◆ Ratgeber ◆ Drama ◆ Kochbuch
◆ Thriller ◆ Lehrbuch ◆ Sprachbuch ◆ Wörterbuch ◆ Roman ◆
Frauenbuch ◆ historischer Roman

16. *Was lesen Sie gern?*

17. *Und Sie? Ergänzen Sie.*

So bin ich:

_____

_____

_____

18. *Lesen Sie die Wortliste. Markieren Sie die reflexiven Verben*
    (sich freuen: Ich freue mich über meine neuen Schuhe.)
    Ergänzen Sie Ihre Wortkarten.

19. *Was ist das? Zeichnen Sie.*

Bonbon
Bettdecke
Feuer
Katalog
Keller
Publikum
Streichholz

Lektion 10

Abenteuer, - *n*
Abreise, -n *f* **10/3**
ähnlich **10/3**
Aktion, -en *f* **10/5**
Alkohol *m* **10/2**
allerdings **10/3**
alternativ **10/2**
altmodisch **10/4**
anmachen **10/5**
Anspruch, -sprüche
   (haben auf) *m* **10/6**
anzünden **10/5**
Apparat, -e *m* **10/3**
Art, -en *f* **10/4**
auf keinen Fall **10/1**
Aussprache *f* **10/4**
Bach, Bäche *m* **10/1**
bauen **10/2**
befinden (sich) **10/1**
behindern **10/5**
Behinderung, -en *f* **10/2**
Berg steigen **10/2**
Bericht, -e *m* **10/3**
beschäftigen (sich) **10/2**
beschließen **10/6**
bestehen (aus) **10/4**
betonen **10/6**
betreffen **10/4**
bewerben (sich) **10/2**
Bonbon, -s *n* **10/3**
Brauch, Bräuche *m* **10/5**
Computer, - *m* **10/3**
Decke, -n (Bett-) *f* **10/3**
dienstlich **10/3**
Droge, -n *f* **10/2**
drucken **10/3**
duzen (sich) **10/1**
einschalten **10/3**
erfolgreich **10/1**
erholen (sich) **10/2**
fällig werden **10/5**
Fernseher, - *m* **10/3**
Feuer, - *n* **10/5**
fließen **10/6**
Folge, -n *f* **10/2**
Fortschritt, -e *m* **10/3**
Frechheit, -en *f* **10/1**

Gefahr, -en *f* **10/5**
Gegenteil, -e / im Gegen-
   teil *n* **10/4**
gelingen **10/3**
genießen **10/3**
gering **10/4**
gesamt- **10/3**
gewöhnen (sich) **10/1**
gleichen (sich) **10/3**
gönnen (sich) **10/1**
Gras *n* **10/2**
hassen **10/4**
häufig **10/1**
in Auftrag geben **10/1**
Inhalt, -e *m* **10/5**
inzwischen **10/1**
Journalist, -en *m* **10/4**
Jugend *f* **10/2**
Katalog, -e *m* **10/3**
kaum **10/1**
klingen **10/1**
Koffer, - *m* **10/3**
konservativ **10/4**
Kosten *Pl.* **10/3**
Krankheit, -en *f* **10/2**
kritisieren **10/4**
leiden (es – können) **10/4**
leise **10/4**
Lektüre *f* **10/3**
lieben **10/1**
Lift, -e *m* **10/2**
Literatur *f* **10/3**
LKW (Lastkraft-
   wagen) *m* **10/5**
Masse, -n *f* **10/2**
Medizin *f* **10/2**
Menge, -n *f* **10/3**
merken **10/3**
Minderheit, -en *f* **10/4**
Mode (in - kommen) *f* **10/5**
nachdenken **10/3**
negativ **10/2**
neugierig **10/3**
Pause, -n *f* **10/3**
Pension, -en *f* **10/2**
Personal *n* **10/2**

PKW (= Personenkraft-
   wagen) *m* **10/3**
Präsident, -en *m* /
   Präsidentin, -nen *f* **10/3**
Protest, -e *m* **10/5**
prüfen **10/6**
Publikum *n* **10/3**
Ratte, -n *f* **10/3**
rechnen **10/3**
Reklame *f* **10/2**
rufen **10/3**
scheinen (= so sein
   wie) **10/3**
Scherz, -e *m* **10/6**
schießen **10/3**
schimpfen **10/3**
schmücken **10/2**
Schokolade, -n *f* **10/3**
Schwerpunkt, -e *m* **10/3**
Sicht *f* **10/4**
Signal, -e *n* **10/5**
sinken **10/2**
sorgen (sich – um) **10/3**
Souvenir, -s *n* **10/2**
spannend **10/3**
spätestens **10/3**
springen **10/1**
ständig **10/1**
Stein, -e *m* **10/2**
Stille *f* **10/1**
stören **10/1**
Streichholz, -hölzer *n* **10/3**
sympathisch **10/4**
Tarif, -e *m* **10/5**
Taschenlampe, -n *f* **10/3**
Tempo *n* **10/3**
Tennis *n* **10/2**
Titel, - *m* **10/3**
träumen **10/3**
Überraschung, -en *f* **10/3**
übrig **10/3**
umdrehen (sich) **10/4**
Unterkunft, -künfte *f* **10/2**
unterschiedlich **10/4**
unterstützen **10/3**
unterwegs **10/3**

Lektion 10

Urlauber, - *m* /
   Urlauberin, -nen *f* **10/2**
verbindlich **10/4**
Verbindung, -en *f* **10/1**
verkleinern **10/4**
Verlag, -e *m* **10/3**
verständigen (sich) **10/5**
verwenden **10/1**
Verwendung, -en *f* **10/4**

Vorstand, -stände *m* **10/6**
Vorstellung, -en *f* **10/1**
Vorurteil, -e *n* **10/1**
weich **10/1**
wesentlich **10/5**
wiedersehen (sich) **10/2**
Wiese, -n *f* **10/2**
Wind, -e *m* **10/1**
wohl fühlen (sich) **10/3**

Wohlstand *m* **10/2**
wundern (sich) **10/1**
Zeichen, - *n* **10/5**
zudecken (sich) **10/3**
Zufriedenheit *f* **10/2**
zunehmen **10/5**
zwischendurch **10/3**

Lösungs-schlüssel

Lösungen *Für Sie zu Hause*

Lektion 1

Übung 1   bin / heiße – heißt ◆ bin / heiße ◆ kommst / bist ◆ komme / bin – ist – kommst / bist – komme / bin

Übung 2   heißt – heiße ◆ bin ◆ kommst ◆ ist ◆ bin

Übung 3   ■ Hallo, ich bin John. Woher kommst du?
   ▲ Ich komme aus Frankreich.
   ■ Und wie heißt du?
   ▲ George, ich heiße George. Und das ist Yvette.
   ■ Hallo, Yvette.
   ● Hallo.

Übung 4   heißt – heiße ◆ heißen – Ich … heiße ◆ heißt – heißt ◆ du – Ich komme ◆ kommen Sie – Ich komme

Übung 5   Tag – Name ist – heißen ◆ kommen / sind ◆ Aus – kommen / sind – Aus ◆ aus ◆ das ist – aus ◆ Tag

Übung 8

	kommen	sein	sprechen	heißen
ich	komme	bin	spreche	heiße
du	kommst	bist	sprichst	heißt
er	kommt	ist	spricht	heißt
sie	kommt	ist	spricht	heißt
Sie	kommen	sind	sprechen	heißen

Übung 9   Woher kommst du? – Ich komme aus der Türkei. / Ich bin aus Slowenien.
Wie heißt du? – Ich heiße Nadja.
Wer sind Sie? – Ich bin Tom.
Wo ist das? – Das ist in Hessen.
Woher sind Sie? – Ich bin aus Slowenien. / Ich komme aus der Türkei.

Lektion 2

Für Sie zu Hause

Übung 1   1. mach*t* – bleib*en* ◆ 2. mach*t* – bleib*t* ◆
3. mach*t* / mach*en* – mach*t* / mach*en* ◆ 4. mach*en* – mach*e*

Übung 3   Es passt nicht: 1. die Banane ◆ 2. das Müsli ◆ 3. die Wurst ◆
4. die Scheibe

Übung 4

wir	antworten	antwortet	antwortest	antworte	wohnt	wohnst	wohne
ihr	telefoniere	finden	sagen	bekommst	schreibt	möchtet	fragst
du	wohnt	geht	wohnst	sieht	fahren	nehmen	haben
ich	holt	beginne	geben	hat	telefonieren	begrüßen	gehe
er / sie /es	sprichst	fährst	frage	wohnen	buchstabiere	trinken	gibt
wir	sagt	habe	bekommt	wohne	guckst	bleiben	heißen
sie*	geben	möchte	fahre	heißt	nimmst	schließt	essen
Sie	gibt	beginnt	komme	isst	hören	möchtet	finde
ich	buch-stabierst	schreibe	fragt	siehst	beginnst	sage	begrüßt
du	bleibe	kommen	schreibst	sprechen	haben	bleibst	hole
ihr	holen	findet	begrüßt	trinkst	esse	schreiben	ist
sie*	trinke	be-kommen	schließe	sehen	heiße	spreche	nehme

(* Bei unseren Lösungen *sie* = 3. Person, Plural. Auch andere Lösungen
sind möglich, wenn *sie* = 3. Person, Singular.)

Übung 5   Samstag und September fehlen

Übung 6   ■ Guten Tag. – Ja, äh, ich hätte gern einen Kaffee.
▲ Eine Tasse oder ein Kännchen?
■ Eine Tasse.

Übung 8   Schreiben / Warten ◆ Buchstabieren ◆ Schreiben / Warten ◆ Kommen ◆
Sprechen

Übung 9   heißt ◆ heiße / bin ◆ ich heiße / bin ◆ ihr ◆ bin

Übung 11   das – das ◆ das – das ◆ das – das ◆ das – das ◆ die – die ◆ die – die ◆
die – die ◆ der – den ◆ die – die ◆ der – den ◆ das – das ◆ der – den ◆
der – den ◆ der – den ◆ die – die ◆ der – den ◆ der – den ◆ das – das

Übung 12 a. ein ◆ ein ◆ ein ◆ ein ◆ ein ◆ eine ◆ ein ◆ eine ◆ ein ◆ eine ◆ eine ◆
ein ◆ eine ◆ ein ◆ eine ◆ – ◆ ein ◆ ein ◆ eine ◆ eine ◆ ein ◆ eine ◆
ein ◆ ein ◆ eine ◆ ein

b. ein ◆ ein ◆ ein ◆ einen ◆ einen ◆ eine ◆ eine ◆ ein ◆ eine ◆ eine ◆
ein ◆ eine ◆ einen ◆ eine ◆ – ◆ ein

Lektion 3

Übung 2 der Geburtstag + s + die Torte ◆ das Frühstück + s + der Kaffee ◆
der Urlaub + s + die Liste ◆ die Freundschaft + s + der Verein ◆ der Apfel
+ der Kuchen ◆ die Banane + die Milch

Übung 4 meine ◆ meine – meine ◆ mein – mein ◆ Meine ◆ mein

Übung 6 trennen ◆ schlagen ◆ verrühren ◆ hinzufügen ◆ geben ◆ geben ◆
Erhitzen ◆ geben ◆ braten

Übung 7 Fahrräder ◆ Teller ◆ Männer ◆ Äpfel ◆ Apfelsinen ◆ Briefe ◆ Busse ◆
Frauen ◆ Schiffe ◆ Bananen – 1. Lösungswort (senkrechter Kasten):
Reeperbahn ◆
Lösungswort 1 + 2 + 3 + 4 + 5 + 6: Michel (in Hamburg)

Lektion 4

Übung 1

Infinitiv	Präsens	Perfekt
versprechen	du versprichst	du hast versprochen
kommen	wir kommen	wir sind gekommen
sagen	ich sage	ich habe gesagt
umziehen	ich ziehe um	ich bin umgezogen
kennen	wir kennen	wir haben gekannt
wohnen	wir wohnen	wir haben gewohnt
bekommen	ich bekomme	ich habe bekommen
finden	wir finden	wir haben gefunden
gehen	sie geht	sie ist gegangen
machen	ich mache	ich habe gemacht
haben	du hast	du hast gehabt
buchstabieren	wir buchstabieren	wir haben buchstabiert

Übung 2 (Beispiel:) Dann sind sie an die Ostsee gefahren. Da haben sie viel
Sport gemacht und sind Rad gefahren. Sie sind auch am Strand spazie-

ren gegangen. Sie haben Obst gegessen und auch viel Gemüse. Dann
waren sie endlich alle wieder gesund. Sie sind nach Hause gefahren.
Und: Da waren sie bald alle wieder krank.

Übung 3 (Beispiel:) Mein Chef sagt, ich soll viel schlafen, viel wandern, Rad
fahren, nicht viel arbeiten, nicht auch zu Hause arbeiten, schwimmen.
Meine Mutter sagt, ich soll Gemüse und Obst essen, nicht so viel
essen, ich soll zu Hause helfen, Milch trinken, nicht so viel Bier trinken,
ich soll einen Kuchen backen, ich soll viel Geld verdienen.

Übung 4 1. Vater steht sonntags immer um fünf Uhr auf. ◆ 2. Frau Horstmann
kauft montags, dienstags und freitags ein. ◆ 3. Der Arzt sagt, ich soll
Sport machen. ◆ 3. Meine Tochter soll Milch zum Frühstück trinken. /
zum Frühstück Milch trinken. ◆ 4. Herr Müller hat in Hannover Arbeit
gefunden. ◆ 4. Frau Horstmann ist nach Pinneberg gezogen.

Übung 5 a.

Aussage	Frage	Aufforderung
Ich soll Tabletten nehmen.	Soll ich die Tabletten nehmen?	Nimm doch die Tabletten!
Ich habe die Tabletten genommen.	Nimmst du die Tabletten?	Nehmen Sie heute 3 Tabletten!
Hast du die Tabletten genommen?		

Lektion 5

Übung 2 Ich nehme die billige Jeans und nicht die teure. ◆ Ich nehme die Bluse
ohne Arm und nicht die langärmlige. ◆ Ich nehme den dicken Pullover
und nicht den dünnen. ◆ Ich nehme den engen Mantel und nicht den
weiten. ◆ Ich nehme die große Handtasche und nicht die kleine. ◆ Ich
nehme den kleinen Hut und nicht den großen.

Übung 3 Ich brauche auch noch gestreifte Socken. ◆ ... lange Unterhemden. ◆ ...
dicke Strümpfe. ◆ ... helle Stiefel. ◆ ... tolle Schuhe. ◆ ... schöne Hand-
schuhe.

Übung 4 1. lange ◆ 2. schöne ◆ 3. altes ◆ 4. klares ◆ 5. grüne ◆

Übung 5 1. muss – muss ◆ 2. kann ◆ 3. kann ◆ 4. können ◆ 5. können ◆ 6. muss
◆ 7. kann – können / müssen

122

Übung 6   Ich will einen Kuchen backen. ◆ … einen Roman lesen. ◆ … einen Aus-
flug machen. ◆ … Rad fahren. ◆ … essen gehen. ◆ … Freunde besu-
chen. ◆ … Deutsch lernen. ◆ einkaufen gehen. ◆ … segeln. ◆ … lange
schlafen. ◆ … ins Theater gehen. ◆ … einen Film sehen.

Übung 7   Hier darf man nicht parken. ◆ Hier darf man nicht rauchen. ◆ Hier
dürfen Kinder spielen. ◆ Hier dürfen keine Hunde hinein. ◆ Hier darf
man Tempo 120 fahren. ◆ Hier darf man den Rasen nicht betreten. ◆
Hier darf man Rad fahren. / Hier dürfen Fußgänger nicht gehen. ◆ Hier
darf man nicht Ball spielen.

Übung 8   1. Der Arzt möchte mich jede Woche sehen. ◆ 2. Er will mir helfen. ◆
3. Ich muss Massagen bekommen. ◆ 4. Ich soll keine Tabletten mehr
nehmen. ◆ 5. Ich darf in Urlaub fahren. ◆ 6. Ich soll im Urlaub Rad
fahren.

Übung 8

	sollen	*müssen*	*wollen*	*können*	*dürfen*	*mögen*
ich	soll	muss	will	kann	darf	mag
du	sollst	musst	willst	kannst	darfst	magst
Sie	sollen	müssen	wollen	können	dürfen	mögen
er / sie	soll	muss	will	kann	darf	mag
wir	sollen	müssen	wollen	können	dürfen	mögen
ihr	sollt	müsst	wollt	könnt	dürft	mögt
Sie	sollen	müssen	wollen	können	dürfen	mögen
sie	sollen	müssen	wollen	können	dürfen	mögen

Übung 10   braun ◆ grün ◆ rot ◆ weiß ◆ schwarz ◆ braun ◆ blau ◆ grau ◆ lila ◆
gelb ◆ rosa

Übung 12   soll ◆ kann ◆ können ◆ musst ◆ Kann ◆ kann ◆ Können ◆ muss ◆ kann
◆ kann ◆ muss

Lektion 6

Übung 1   1. der / ihrer ◆ 2. der / seiner ◆ 3. den / unseren ◆ 4. den / seinen ◆ 5.
dem / meinem ◆ 6. Herrn

Übung 2   Der Hahn steht auf der Katze. Die Katze steht zwischen dem Hahn und dem Hund. Der Hund steht auf dem Esel. Der Esel steht unter dem Hund. / Er hat den Schmetterling auf den Fisch gestellt. Er hat den Fisch zwischen den Schmetterling und das Huhn gestellt. Er hat das Huhn auf das Schwein gestellt. Er hat das Schwein unter das Huhn gestellt.

Übung 3   Es passt nicht: 1. Polizei ◆ 2. Kindergarten ◆ 3. Parkplatz ◆ 4. Restaurant

Übung 4   In ◆ von ◆ ins ◆ nach ◆ durch ◆ am / beim ◆ für ◆ um ◆ in der ◆ vom ◆ In der ◆ In ◆ Beim ◆ Zur ◆ aus der ◆ nach ◆ bei der ◆ mit ◆ zur ◆ in ◆ an ◆ entlang

Übung 5   fahren + das Rad ◆ essen + die Ecke ◆ anmelden + der Termin ◆ backen + das Pulver ◆ einkaufen + der Zettel ◆ schlafen + der Anzug ◆ schwimmen + das Bad ◆ parken + der Platz ◆ spielen + der Platz ◆ sprechen + das Zimmer ◆ warten + das Zimmer ◆ baden + das Zimmer ◆ schlafen + die Couch

Übung 6   Ein Schrank für das Wohnzimmer / im Wohnzimmer. ◆ Ein Tisch für die Küche / in der Küche. ◆ Ein Tisch für die Couch / vor der Couch. ◆ Eine Lampe für das Wohnzimmer / im Wohnzimmer. ◆ Eine Wohnung im Keller. ◆ Ein Bett für Kinder. ◆ Ein Zimmer für Kinder.

Übung 7   1. Wand ◆ 2. Sofa ◆ 3. Hochhaus ◆ 4. Garten ◆ 5. Aufzug ◆ 6. Teppich ◆ 7. Vermieter ◆ 8. Lampe ◆ 9. Keller ◆ 10. Herd
Lösungswort: Reihenhaus

Lektion 7

Übung 1   mich ◆ dich ◆ dich ◆ dich ◆ dich ◆ euch ◆ dich ◆ uns ◆ euch ◆ mir

Übung 2   *besuchen:* Freund, Universität, Verwandte, Ausstellung, Schule, Kollegen ◆ *fahren:* Auto, Straßenbahn, Bus, Fahrrad ◆ *machen:* Arbeit, Überstunden, Schichtdienst, Ausbildung, Ausstellung, Lehre, Deutschprüfung, Job ◆ *schreiben:* Roman, Brief, Buch, Ansichtskarte, Geschichte ◆ *mieten:* Auto, Wohnung, Haus, Bus, Appartement ◆ *lesen:* Roman, Buch, Ansichtskarte, Geschichte ◆ *haben:*

Übung 3   Job ◆ Personen ◆ Stress ◆ berufliche ◆ Privatleben ◆ Job

Übung 4 1. es ◆ 2. sie ◆ 3. sie ◆ 4. ihn ◆ 5. ihn ◆ 6. euch ◆ 7. uns

Übung 5 1. mir ◆ 2. Ihnen ◆ 3. uns ◆ 4. dir ◆ 5. ihm ◆ 6. Ihnen / dir ◆ 7. ihm

Übung 6 groß – größer – am größten ◆ gut – besser – am besten ◆ hoch – höher – am höchsten ◆ gern – lieber – am liebsten ◆ viel – mehr – am meisten ◆ nah – näher – am nächsten

Übung 7 liebster ◆ Mehr ◆ kleinsten ◆ größten ◆ großen ◆ mehr / andere

Übung 9 (mögliche Berufe) Elektriker ◆ Rechtsanwalt ◆ Unteroffizier ◆ Frisör ◆ Schneider ◆ Tischler ◆ Ärzte ◆ Tierarzt ◆ Ingenieur ◆ Gärtner ◆ Kellner ◆ Englischlehrer ◆ Innenarchitekt ◆ Tellerwäscher

Lektion 8

Übung 2 1. Lidia spricht ausgezeichnet Deutsch, weil ihre Eltern mit ihr immer Deutsch gesprochen haben und (weil) sie Deutsch studiert hat. ◆ 2. Lidia begleitet jetzt Busfahrten, weil ihr das Spaß macht und (weil) sie arbeiten und Geld verdienen muss. ◆ 3. Lidia kann nicht an einer Schule unterrichten, weil ihre Zeugnisse nicht anerkannt sind. ◆ 4. Lidia kann nicht weiter mit Bernd und Werner sprechen, weil sie jetzt etwas über Wittenberg erzählen muss.

Übung 3 a. 2. ist richtig.

Übung 5 durch ◆ aus ◆ zu ◆ Auf ◆ aus dem ◆ von ◆ von ◆ über ◆ zur ◆ Auf der ◆ an ◆ nach ◆ In ◆ an das ◆ in ◆ ohne ◆ durch den / mit dem

Lektion 9

Übung 1 Es wäre wichtig, dass die Menschen Freude entwickeln an Sport, an allem, was nichts mit Geldverdienen zu tun hat. ◆ Es wäre nötig, dass man sich unentgeltlich um andere Menschen kümmert. ◆ Es wäre wichtig, dass in der Schule die Fächer Kunst und Musik eine größere Rolle spielen. ◆ Es wäre wichtig, dass die Eltern andere Werte vorleben. ◆ Es wäre nötig, dass Dichter, Maler, Musiker wieder wichtiger werden.

Übung 2 Beispiel: Wenn ich einmal reich wäre, würde ich ein großes Haus bauen.
◆ Wenn ich allein zu Hause bin, habe ich Angst.

Übung 3 jetzt bald arbeitslos bist: dass du bald keine Arbeit mehr hast ◆ das ein bisschen positiv zu sehen: das nicht nur negativ zu sehen ◆ versuchen dir einzureden: wollen dir einreden ◆ Vergiss es: Das musst du vergessen ◆ endlich mehr Zeit für mich selbst zu haben: wenn ich endlich mehr Zeit für mich hätte ◆ Wäre das nicht was?: Wäre das nicht toll? Das wäre doch prima! ◆ Es wäre schön, wenn wir uns bald sehen würden: Vielleicht können wir uns bald treffen. Das wäre doch schön.

Lektion 10

Übung 1

Infinitiv	Präteritum	Partizip
dürfen	ich durfte	ich habe gedurft
sollen	ich sollte	
lesen	ich las	ich habe gelesen
merken	ich merkte	ich habe gemerkt
müssen	ich musste	
können	ich konnte	ich habe gekonnt
kommen	ich kam	ich bin gekommen
haben	ich hatte	ich habe gehabt
sitzen	ich saß	ich habe gesessen
suchen	ich suchte	ich habe gesucht
rufen	ich rief	ich habe gerufen
antworten	ich antwortete	ich habe geantwortet
fühlen	ich fühlte	ich habe gefühlt
fahren	ich fuhr	ich bin gefahren
schaffen	ich schaffte	ich habe geschafft
anfangen	ich fing an	ich habe angefangen
erzählen	ich erzählte	ich habe erzählt

Übung 2 studierte ◆ arbeitete ◆ erschien ◆ schrieb ◆ erhielt / bekam ◆ kam ◆ bekam / erhielt

Übung 3 1 aus dem ◆ 2. in der ◆ 3. in der ◆ 4. das ◆ 5. die ◆ 6. die ◆ 7. über die ◆ 8. das

Übung 4 1. weil ◆ 2. dass ◆ 3. mit denen ◆ 4. das ◆ 5. dass ◆ 6. wenn – die ◆ 7. aus dem ◆ 8. deren ◆ 9. dass – wenn

Lösungen *Wortschatzarbeitsheft*

Lektion 1

1. *Begrüßungen:* Guten Tag. ◆ Hallo. ◆ Grüß dich. ◆ Grüß Gott. ◆ Guten Morgen. ◆ Guten Abend.
   Verabschiedungen: Tschüss! ◆ Auf Wiedersehen.

2. a. *Du:* Wie ist dein Name? ◆ Wer bist du?
       Sie: Wie heißen Sie? ◆ Wie ist Ihr Name? ◆ Wer sind Sie? – Ich heiße ... ◆ Mein Name ist ... ◆ Ich bin ...
   b. Wie heißt Du? ◆ Ich heiße ... ◆ Wie heißen Sie? ◆ Ich heiße ...

3. Wie geht es Ihnen? – Danke, ganz gut. Und Ihnen? ◆ Guten Tag, Frau Haija. – Grüß Gott, Frau Kerner. ◆ Helen, das ist Robert. – Hallo, Robert. ◆ Wie geht es dir? – Gut, und dir?

4. a. du ◆ b. Sie ◆ c. du

5. a. Hallo, ich bin Paul, und wer bist du? – Ich heiße David. – Woher bist du, David? – Aus Manchester, das liegt in England, und du? – Ich komme aus Hamburg.
   b. Guten Tag, mein Name ist Mokrohs. Wie heißen Sie? – Ich bin Monika Kowalski und das ist Herr Cruz, er kommt aus Porto. – Wo liegt denn Porto, in Spanien? – Nein, das liegt in Portugal.

7. 1. c. ◆ 2. a. ◆ 3. b. ◆ 4. d. ◆ 5. e.

8. a. Wie ◆ b. Woher ◆ c. Wie ◆ d. Wo ◆ e. Wo ◆ f. Was ◆ g. Wie ◆ h. Wer ◆ i. Wie ◆ j. Wie ◆ k. Wie ◆ l. Was

9. a. Madrid liegt in Spanien. ◆ b. Woher kommst du? ◆ c. Wie ist dein Name? ◆ d. Ich bin aus Griechenland. ◆ e. Mein Name ist Braun.

12. Ich ◆ wie ◆ Name ◆ Vorname ◆ Nachname ◆ kommen ◆ bin ◆ liegt ◆ in

13. Frankreich – Französisch ◆ Italien – Italienisch ◆ England – Englisch ◆ Russland – Russisch ◆ Dänemark – Dänisch ◆ Finnland – Finnisch ◆ Portugal – Portugiesisch ◆ Spanien – Spanisch ◆ Ungarn – Ungarisch ◆ Polen – Polnisch ◆ China – Chinesisch

14. a. siebzehn + zweiundzwanzig = neununddreißig ◆ b. acht + fünfundvierzig = dreiundfünfzig ◆ c. hunderteunzehn – einunddreißig = achtundachtzig ◆ d. vierundsechzig + zwölf = sechsundsiebzig ◆ e. neunundfünfzig – neun = fünfzig ◆ f. dreiundachtzig + sechsundsiebzig = hundertneunundfünfzig ◆ g. zweihundertzweiundzwanzig – elf = zweihundertelf ◆ h. dreitausend + eintausend = viertausend ◆

i. neunundneunzig + zwei = hunderteins ◆ j. siebenundsiebzig + dreizehn = neunzig

15. a. Beratungsstelle ◆ b. Gesellschaft ◆ c. Tasche ◆ d. verkaufen

16. a. Können Sie das bitte wiederholen? ◆ Kannst du das bitte wiederholen? ◆ Bitte langsam. ◆ Noch einmal bitte.
    b. Buchstabieren Sie bitte. ◆ Buchstabiere bitte.
    c. Wie ist die Telefonnummer? ◆ Wie ist die Adresse?

17. Hand, Familie, Leute, Antwort, Vorwahl, Abend, Herr, Sprache, Wort, Satz, Frau, Dame

18. a. lesen ◆ b. hören ◆ c. schreiben ◆ d. spielen ◆ e. wohnen ◆ f. sprechen ◆ g. suchen ◆ – wiederholen

19. antworten, fragen, haben, heißen, kommen, wiederholen, sagen

21. lesen, hören

Lektion 2

1. das Bild ◆ der Absender ◆ die Antwort ◆ der Name ◆ die Dame ◆ der Satz ◆ die Familie ◆ das Gespräch ◆ der Tag ◆ die Stadt ◆ der Morgen ◆ die Sprache ◆ die Vorwahl ◆ die Nummer ◆ der Abend ◆ die Aufgabe ◆ das Beispiel ◆ die Seite ◆ das Buch ◆ der Moment ◆ die Nacht ◆ der Dialog ◆ die Frage ◆ die Adresse ◆ die Frau

3. T.M.: + neunzehnhundertfünfundfünfzig ◆ B.B.: * achtzehnhundertachtundneunzig + neunzehnhundertsechsundfünfzig ◆ F.K.: * achtzehnhundertdreiundachtzig + neunzehnhundertvierundzwanzig ◆ T.F.: * achtzehnhundertneunzehn + achtzehnhundertachtundneunzig ◆ J.W.G.: * siebzehnhundertneunundvierzig + achtzehnhundertzweiunddreißig ◆ G.E.L.: * siebzehnhundertneunundzwanzig + siebzehnhunderteinundachtzig ◆ C.W.: * sechzehnhundertzweiundvierzig + siebzehnhundertacht ◆ A.G.: * sechzehnhundertsechzehn + sechzehnhundertneunundsiebzig ◆ M.L.: * vierzehnhundertdreiundachtzig + fünfzehnhundertsechsundvierzig ◆ H.S.: vierzehnhundertvierundneunzig + fünfzehnhundertsechsundsiebzig

4. *Das gibt es in einer Stadt:* das Amt, das Café, das Geschäft, das Kaufhaus, die Haltestelle, der Turm, das Sportzentrum, die Bäckerei, der Hafen, das Arbeitsamt, die Post, der Parkplatz, das Restaurant, die Schule, die Sparkasse, die Bank, die Kirche ◆
Essen / Trinken: der Tee, der Sekt, die Banane, das Ei, die Wurst, der Apfel, die Butter, der Käse, der Saft, die Birne, das Brot ◆
Das fährt: der Bus, das Taxi, die U-Bahn, der Zug, das Auto, die Bahn, die Straßenbahn

6. a. Butter ◆ b. Auto ◆ c. Orange ◆ d. Urlaub

9. 1. Wurst ◆ 2. Sekt ◆ 3. Eier ◆ 4. Hörnchen ◆ 5. Butter ◆
   6. Marmelade ◆ 7. Kaffee ◆ 8. Jogurt ◆ 9. Birne ◆ 10. Melone ◆
   11. Ananas; Lösungswort: Weintrauben

10. frühstücken ◆ trinken ◆ Einen ◆ Kakao ◆ nehmen ◆ Brötchen ◆
    Schinken ◆ Käse ◆ Eier ◆ Kommt

11. die / eine Scheibe – die / eine Portion – die / eine Kanne – das / ein
    Glas – das / ein Kännchen – das / ein Stück – der / ein Becher – die /
    eine Tasse – die / eine Schale

13. 1. Krankenhaus ◆ 2. Schwimmbad ◆ 3. Rathaus ◆ 5. Hafen ◆
    6. See; Lösungswort: Kirche

14. *die Woche:* Montag, Dienstag, Mittwoch, Donnerstag, Freitag,
    Samstag, Sonntag ◆ *das Jahr:* Januar, Februar, März, April, Mai, Juni,
    Juli, August, September, Okober, November, Dezember

15. elf Uhr fünfundvierzig; viertel vor zwölf ◆ sechs Uhr zehn; zehn nach
    sechs ◆ fünfzehn Uhr fünfundzwanzig; fünf vor halb vier ◆ zweiund-
    zwanzig Uhr zwanzig; zwanzig nach zehn ◆ acht Uhr dreißig; halb
    neun ◆ zwei Uhr fünfunddreißig; fünf nach halb drei ◆ siebzehn Uhr
    vierzig; zwanzig vor sechs; zehn nach halb sechs ◆ neun Uhr fünf-
    zehn; viertel nach neun

16. Fünfzehnter Fünfter ◆ Siebenundzwanzigster Achter ◆ Siebter
    Siebter ◆ Sechsundzwanzigster Elfter ◆ Zweiundzwanzigster Dritter
    ◆ Dritter Sechster ◆ Vierter Zweiter ◆ Vierundzwanzigster Zwölfter ◆
    Neunzehnter Neunter ◆ Siebenundzwanzigster Zehnter

17. heute – übermorgen

18. a. 1. Morgen ◆ 2. Vormittag ◆ 3. Mittag ◆ 4. Nachmittag ◆
        5. Abend ◆ 6. Nacht
    b. vormittags – nachmittags – nachts

19. a. Nein ◆ b. Nein ◆ c. Nein, nicht ◆ d. Nein, nicht ◆ e. Nein, nicht ◆
    f. Nein, keine ◆ g. keine ◆ h. Nein, keine ◆ i. Nein, keinen

20. sehen, arbeiten, ergänzen, gehen, erzählen, trinken, schicken,
    essen, machen, nehmen, früstücken, telefonieren, verstehen, warten,
    fahren, wissen, lernen, planen, kaufen

21. 5., 6. ◆ 3., 4, ◆ 1., 2.

Lektion 3

1. der Kalender, - ◆ der Bahnhof, -höfe ◆ der Anruf, -e ◆ der Bus, -se ◆ der Hafen, Häfen ◆ die Information, -nen ◆ der Mensch, -en ◆ der Platz, Plätze ◆ das Radio, -s ◆ das Stück, -e ◆ das Taxi, -s ◆ die Uhr, -en ◆ die Zahl, -en ◆ die Woche, -n ◆ das Geschäft, -e ◆ der Fahrplan, -pläne ◆ der Wald, Wälder ◆ das Kaufhaus, -häuser ◆ die Kanne, -n ◆ die Temperatur, -en

3. 1. Tasse ◆ 2. Glas ◆ 3. Bus ◆ 4. Auto ◆ 5. Mann ◆ 6. Junge ◆ 7. Mädchen ◆ 8. Frau ◆ 9. Buch ◆ 10. Brief ◆ 11. Zug ◆ 12. Karte ◆ 13. Fahrrad / 14. Flasche

5. Beispiel: *Bäcker:* Brot, Kuchen, Hörnchen, Croissant, Torten, Kaffee, Backpulver, Milch, Marmelade ◆ *Metzger:* Schinken, Wurst, Salami, Schnitzel, Braten, Gulasch, Butter, Würstchen, Milch, Käse … ◆ *Gemüseladen:* Äpfel, Zucchini, Auberginen, Kohl, Kräuter, Eier, Salat, Orangen …

6. *Fleisch:* Rinderfilet, Kalbsrücken, Gulasch, Asiatischer Sauerbraten, Wiener Schnitzel, Ochsenschwanzsuppe, Schweinefilet, Hirschrouladen, Lammkeule, Rehrücken, Hasenkeulen, Ente, Putenbrust, Huhn ◆ *Fisch:* Aal, Forellenfilet, Zanderfilet, Muscheln, Lachsfilet, Hummer, Karpfen ◆ *Gemüse:* Blaukraut, gebackene Bohnen, Wirsing, Erbsensuppe, Broccoli, Gemüsegratin, Spargelsalat mit Eiern, Möhrensuppe, Chikoree, Maronencremesuppe, Kartoffelauflauf ◆ *Nachspeisen:* Kompott, Eis, Götterspeise, Obstsalat, Bananencreme

11. b. Infinitive: verrühren, würzen, schneiden, geben, garnieren; schneiden, dünsten, vermischen, würzen

15. *V:* Guten Tag, bitte schön? ◆ Darf's sonst noch was sein? ◆ Macht 12 Mark 80. ◆ Was darf's sein? ◆ Noch was? ◆ Zahlen Sie bitte an der Kasse.
    K: Noch ein Kilo Äpfel bitte. ◆ Danke, das wär's. ◆ Das ist alles, danke. ◆ Ich nehme noch 1 Kilo Spargel.

16. Bitte schön? ◆ Liter ◆ Paar ◆ Dosen ◆ Päckchen ◆ Darf es ◆ nehme ◆ alles ◆ Macht

17. Erika und Thomas: Tochter – Vater ◆ Klaus und Katja: Sohn – Mutter ◆ Thomas und Katja: (Ehe)Frau – (Ehe)Mann ◆ Heinrich und Thomas: Bruder – Bruder ◆ Katja und Heinrich: Schwägerin – Schwager ◆ Thomas Johann Heinrich und Golo: Großvater – Enkel(sohn) ◆ Julia und Katja: Schwiegermutter – Schwiegertochter ◆ Erika und Heinrich: Nichte – Onkel ◆ Golo und Heinrich: Neffe – Onkel ◆ Klaus und Julia: Enkel(sohn) – Großmutter

18. *positiv:* Gute Idee. ◆ Ja, gern. ◆ Prima. ◆ Oh ja, toll. ◆ Ja, gut. ◆ Einverstanden.

negativ: Ich habe keine Lust. ◆ Och, nö. ◆ Tut mir Leid. ◆ Das geht nicht. ◆ Leider …

19. 1. beobachten ◆ 2. feiern ◆ 3. heben ◆ 4. geben ◆ 5. diskutieren ◆ 6. zeigen ◆ 7. schwimmen ◆ 8. backen ◆ 9. zahlen ◆ 10. reden ◆ 11. schlafen

Lektion 4

1. 1. Briefmarke ◆ 2. Stadt ◆ 3. Hausnummer ◆ 4. Empfänger ◆ 5. Straße ◆ 6. Absender ◆ 7. Postleitzahl

2. Liebe ◆ einladen ◆ besuchst ◆ Zeit ◆ gezogen ◆ besucht ◆ gefunden ◆ Ausflüge ◆ Grüße

3. ziehen – gezogen ◆ finden – gefunden ◆ besuchen – besucht ◆ bekommen – bekommen ◆ sagen – gesagt ◆ lernen – gelernt ◆ treffen – getroffen ◆ aufstehen – aufgestanden ◆ verdienen – verdient ◆ einkaufen – eingekauft

5. verkauft – verkaufen ◆ gegangen – gehen ◆ telefoniert – telefonieren ◆ gewohnt – wohnen ◆ mitgebracht – mitbringen ◆ aufgeschrieben – aufschreiben ◆ aufgehört – aufhören ◆ versprochen – versprechen ◆ gefragt – fragen ◆ zugemacht – zumachen ◆ gekannt – kennen ◆ gefahren – fahren

6. 1. fahren ◆ 2. aufstehen ◆ 3. hinaufsteigen ◆ 4. ankommen ◆ 5. gehen ◆ 6. landen ◆ 7. –

8. (Mögliche Lösung:) Sie hat die Schule besucht und danach Medizin studiert. Anna hat Roland kennen gelernt und ist dann nach Deutschland gekommen. Anna und Roland haben geheiratet und später eine Tochter bekommen. Schließlich hat Anna in einem Krankenhaus gearbeitet.

9. *gute Laune:* freundlich, nett, lustig, fröhlich, froh, heiter, glücklich, zufrieden ◆ *schlechte Laune:* unfreundlich, genervt, traurig, deprimiert, nervös, unglücklich, ärgerlich, böse, verzweifelt, wütend

11. losfahren ◆ hinsetzen ◆ aufstehen ◆ einkaufen ◆ aufschreiben ◆ zumachen ◆ wegfahren ◆ anfangen

12. a. Meine Mutter kauft zweimal pro Woche frisches Obst ein. ◆ b. Michael macht das Fenster zu. ◆ c. Wir fahren gern Rad. ◆ d. Die Schmerzen hören nicht auf. ◆ e. Der Kurs hört um 17.30 auf. ◆ f. Cordula ruft Thomas jeden Abend an. ◆ g. Wir fahren um 10.00 Uhr los. ◆ h. Stefan bringt Lebensmittel mit. ◆ i. Ich schreibe die Adresse auf. ◆ j. Das Theater fängt um 20.00 an.

13. a. packt … ein ◆ b. fährt …. ab ◆ c. nehmen .. mit ◆
    d. packen … aus ◆ e. meldet … an ◆ lade … ein

14. a. gehe weg ◆ gehe spazieren ◆ gehen los ◆ geht's los ◆ geht mit ◆
    gehe zurück

15. a. Ich mache das Fenster zu. ◆ b. Fahren Sie gern Rad? ◆ c. Nehmen
    Sie im Wartezimmer Platz! ◆ d. Johann geht jeden Tag spazieren. ◆
    e. Meine Mutter ist doch nicht unglücklich. ◆ f. Die Schmerzen
    hören einfach nicht auf. ◆ g. Soll ich das Fenster zumachen?

16. a. Mach das Fenster zu! ◆ b. Sei doch nicht unglücklich! ◆ c. Mach
    das Fenster auf! ◆ d. Schreib die Hausaufgaben auf! ◆ e. Komm nicht
    zu spät nach Hause!

17. ankommen ◆ abfahren ◆ umziehen ◆ zuhören ◆ anmelden ◆
    einladen

18. Sie soll spazieren gehen. ◆ Sie soll (keine) Tabletten nehmen. ◆
    Sie soll (viel) schlafen. ◆ Sie soll (viel) Tee trinken. ◆ Sie soll keinen
    Alkohol trinken. ◆ Sie soll nicht rauchen.

19. 1. r Kopf, ¨e ◆ 2. s Auge, -n ◆ 3. e Schulter, -n ◆ 4. r Arm, -e ◆
    5. r Bauch, ¨e ◆ 6. e Hüfte, -n ◆ 7. s Knie, - ◆ 8. r Fuß, ¨e ◆
    9. s Bein, -e ◆ 10. e Hand, ¨e ◆ 11. r Mund, ¨er ◆ 12. s Ohr, -en

20. die Wirbelsäule, -n ◆ die Niere, -n ◆ die Blase, -n ◆ der Darm, Därme
    ◆ der Arm, -e ◆ die Leber, -n ◆ der Magen, Mägen ◆ die Lunge, -n

23. a. Grippe ◆ b. Magen ◆ c. ausschlafen ◆ d. Hüfte

25. *gesund leben:* Obst, eine Radtour machen, Gemüse, Vitamine,
    schwimmen, Sport machen, wandern, eine Massage bekommen ◆
    ungesund leben: viel arbeiten, Süßigkeiten, Stress, Zigarren rauchen,
    Fett, Cholesterin, wenig schlafen, schlechte Ernährung, viel Alkohol
    trinken, Zigaretten rauchen

Lektion 5

7. breit – schmal ◆ hell – dunkel ◆ einfarbig – bunt ◆ faul – fleißig ◆
   weit – eng

8. dick – dünn ◆ richtig – falsch ◆ klein – groß ◆ warm – kalt ◆ alt –
   jung ◆ häßlich – hübsch, schön

10. Praxis Dr. Morlock, guten Tag. – Guten Tag, hier ist Rauh, ich möch-
    te einen Termin vereinbaren. – Ja, Moment … das geht erst wieder
    nächste Woche, diese Woche ist leider schon alles voll. – Das ist aber
    schlecht, es ist ziemlich eilig. Ich bin schwanger, glaube ich. Und da

möchte ich gern sicher sein. – Oh, na ja, dann … vielleicht können wir Sie schnell dazwischenschieben. Geht es denn morgen Vormittag, so um 10.00 Uhr? – Nein, tut mir Leid, da habe ich schon einen Termin. Geht es denn morgen Nachmittag auch? – Morgen Nachmittag … ja, so um 15.00 Uhr, Sie müssen dann aber wahrscheinlich etwas warten, ist das o. k.? – Ja, das macht nichts, dann also morgen Nachmittag, um drei. – Alles klar, bis morgen, Frau Rauh. – Danke, auf Wiedersehen.

11. (Mögliche Lösung) Lea: Geht es denn auch am Dienstag? – Karin: Nein, aber kannst du am Samstag? – Lea: Da habe ich schon einen Termin / etwas vor. – Karin: Hast du am Donnerstag Zeit? / Geht es am Donnerstag? / Hast du am Donnerstag schon etwas vor? / Karin: Um wie viel Uhr sollen wir uns treffen? / … passt es dir?

15. möchte ◆ will – möchte ◆ muss ◆ kann ◆ möchte – will ◆ muss ◆ kann

17. nie – selten – manchmal – oft – meistens – immer

Lektion 6

4. seit – bei – von – nach – für – in – nach – mit – mit – in ◆ bei – in – vom – mit – in – in – in

5. die Kultur + der Tipp ◆ die Freizeit + der Tipp ◆ der Ausgang + s + der Punkt ◆ der Ort + s + die Mitte ◆ das Ufer + die Promenade

7. mit – im – durch – mit – am – in – an – in – nach – zur – am

14. 1. Schlafzimmer ◆ 2. Kinderzimmer ◆ 3. Wohnzimmer ◆ 4. Bad ◆ 5. Küche ◆ 6. WC / Toilette ◆ 7. Gästezimmer ◆ 8. Kammer ◆ 9. Flur

15. 1. Keller ◆ 2. Dach ◆ 3. Erdgeschoss ◆ 4. Treppe ◆ 5. Aufzug ◆ 6. Tür ◆ 7. Fenster ◆ 8. Garten ◆ 9. 1. Stock

16. (Mögliche Lösungen) *Schlafzimmer:* Bett, Kleiderschrank, Vorhang, Teppich, Kommode, Nachttischlampe, Einbauschrank, Nachttisch, Regal, Wäschetruhe ◆ *Wohnzimmer:* Couch, Sessel, Fernseher, Vorhang, Teppich, Kommode, Schreibtisch, Stehlampe, Wohnzimmerschrank, Einbauschrank, Schlafcouch, Wohnzimmertisch, Esstisch, Regal ◆ *Bad:* Badewanne, Dusche, Waschbecken, Spiegelschrank, Regal, Wäschetruhe ◆ *Küche:* Herd, Küchentisch, Kühlschrank, Kommode, Spülmaschine, Küchenschrank, Esstisch, Regal

18. 1. Reihenhaus ◆ 2. Einfamilienhaus ◆ 3. Bauernhof ◆ 4. Wohnblock ◆ 5. Villa ◆ 6. Hochhaus

20. exklusive (komfortable) – am – komfortable (exklusive) – mit – ab ◆ ruhige – gute – separate – mit ◆ ruhige – gepflegt – neuer – komplette – heller – ab

24. Wohnviertel ◆ Zeitung ◆ Balkon ◆ Hund ◆ Anzeige ◆ Geschenk ◆ aufgeben ◆ Werbung ◆ Esel ◆ kaputt

26. Badezimmer ◆ Badehose ◆ Badeanzug ◆ Freibad ◆ Hallenbad ◆ Bademantel ◆ Badewanne

Lektion 7

1. unterrichten an / arbeiten in, auf, an, bei / aufhören mit / tätig sein bei / zufrieden sein mit

3. Arbeit finden / suchen / bekommen / haben

7. a. *Verb:* lernen, lehren, ausfragen ◆ *Substantiv:* Prüfung, Mathematiklehrer, Klausur, Hausaufgabe, Schule, Note, Klasse, Schüler, Sommerferien, Pausenhof, Klassentreffen, Schulaufgabe, Sportunterricht
   c. *Mathematiklehrer:* die Mathematik + der Lehrer ◆ *Sommerferien:* der Sommer + die Ferien (Pl.) ◆ *Pausenhof:* die Pause + der Hof ◆ *Klassentreffen:* die Klasse + das Treffen ◆ *Schulaufgabe:* die Schule + die Aufgabe ◆ *Sportunterricht:* der Sport + der Unterricht

8. a. 6) ◆ b. 3) ◆ c. 1) ◆ d. 4) ◆ e. 2) ◆ f. 5)

10. gemacht ◆ Ausbildung ◆ arbeitslos ◆ gefunden ◆ langweilig ◆ studiert ◆ arbeite ◆ interessant ◆ treffe ◆ besuchen

11. der Betriebsrat, -räte ◆ die Fachhochschule, -n ◆ die Lehre, -n ◆ der Job, -s ◆ die Stelle, -n ◆ der Arbeiter, -

15. gut – besser – am besten ◆ viel – mehr – am meisten ◆ warm – wärmer – am wärmsten ◆ nah – näher – am nächsten ◆ gern – lieber – am liebsten ◆ teuer – teurer – am teuersten ◆ kalt – kälter – am kältesten

18. ungefährlich ◆ unbequem ◆ untypisch ◆ unbeliebt ◆ unübersichtlich ◆ unvorsichtig ◆ unruhig

20. etc.: et cetera ◆ z. B.: zum Beispiel ◆ ca.: zirka ◆ usw.: und so weiter ◆ u. a.: und anderes ◆ u. Ä.: und Ähnliches

21. die Seilbahn = das Seil + die Bahn ◆ die Vaterstadt = der Vater + die Stadt ◆ die Kirchenversammlung = die Kirche + n + die Versammlung ◆ der Jahrmarkt = das Jahr + der Markt ◆ das Industriegebiet =

die Industrie + das Gebiet ◆ das Medienzentrum = die Medien (Pl.) + das Zentrum

Lektion 8

2. meine Tante ◆ meine Schwägerin ◆ mein Schwiegersohn ◆ mein Neffe ◆ mein Onkel ◆ meine Großmutter ◆ meine Schwiegertochter ◆ mein Urgroßvater ◆ mein Schwager ◆ meine Nichte

3. Das bin ich.

7. abnehmen ◆ besichtigen ◆ erziehen ◆ klauen ◆ übersetzen ◆ zerstören

9. Welche / Wie viele – Warum – Wann – Was – Warum – Wie – Was – Wie viele / Welche – Wann – Woher – Welche – Wo – Was – Was

12. ☻ Wann kommst du denn eigentlich? ◆ Sagen Sie mal, wann hat denn Frau Müller Geburtstag? ◆ Wie spät ist es denn? ◆ Sag doch mal was. ◆ Das ist doch eigentlich nicht richtig.
☹ Wann kommst du? ◆ Sagen Sie, wann hat Frau Müller Geburtstag? ◆ Wie spät ist es? ◆ Sag was! ◆ Das ist nicht richtig.

13. a. weil ◆ b. dass ◆ c. weil ◆ d. dass ◆ e. weil ◆ f. weil ◆ g. dass ◆ g. Weil

14. a. denn ◆ b. Weil ◆ c. weil ◆ d. Weil ◆ e. denn ◆ f. weil ◆ g. denn ◆ h. Weil

15. 1. Man ◆ 2. Er, er ◆ 3. man ◆ 4. man ◆ 5. er ◆ 6. man ◆ 7. man ◆ 8. man ◆ 9. er ◆ 10. man

Lektion 9

5. die Todesnachricht = der Tod + es + die Nachricht ◆ der Briefbogen = der Brief + der Bogen ◆ der Windstoß = der Wind + der Stoß ◆ der Rettungshubschrauber = die Rettung + s + der Hubschrauber ◆ die Tageszeitung = der Tag + es + die Zeitung

6. reagieren auf ◆ verzichten auf ◆ berichten von ◆ Freude haben an

9. *Beginn:* Guten Tag, hier ist Barbara Zwisler. ◆ Ja, grüß dich! ◆ Hallo, Christian, hier ist Matthias. ◆ Na ja, es geht so. ◆ Wie geht es Ihnen denn? ◆ Ich rufe an wegen … ◆ Das ist schön, dass du anrufst. ◆ Das ist gut, dass Sie jetzt anrufen.
Ende: Meldest du dich wieder? ◆ Ich rufe dich bald wieder an. ◆ Danke für deinen Anruf. ◆ Mach's gut. ◆ Bis bald! ◆ Grüßen Sie bitte Ihre Frau von mir. ◆ Alles klar! ◆ Grüß Peter. ◆ Bis dann!

10. 😃 Könnten Sie mir bitte helfen. ◆ Entschuldigen Sie, wissen Sie, wie spät es ist? ◆ Gibst du mir bitte ein Glas Wasser? ◆ Könnte ich bitte eine Zigarette von dir haben?
😐 Können Sie mir helfen? ◆ Wie spät ist es denn bitte? ◆ Ich hätte gern ein Glas Wasser. ◆ Kann ich eine Zigarette von dir haben?
😞 Helfen Sie mir. ◆ Sagen Sie mir, wie spät es ist. ◆ Ich habe Durst. ◆ Ich nehme mir eine Zigarette von dir.
(Achtung: Der Ton macht die Musik!)

15. *man ist sich ziemlich sicher:* wahrscheinlich ◆ Ich denke, dass … ◆ ganz sicher … ◆ Ich bin überzeugt, dass …
man ist sich nicht ganz sicher: vielleicht ◆ eventuell ◆ möglicherweise ◆ Ich vermute …

16. entsprechen ◆ erinnern ◆ lachen ◆ stattfinden ◆ anmelden ◆ trösten ◆ trauern

17. a. 3. ◆ b. 5. ◆ c. 1. ◆ d. 2. ◆ e. 4.

18. *materieller Wohlstand:* Luxusauto, Segelyacht, Golfclub, dickes Bankkonto, Wochenendhaus, Luxusvilla ◆ *geistiger Reichtum:* Besinnlichkeit, Menschenfreundlichkeit, Philosophie, Literatur, klassische Musik, Dichtung, Bildhauerei, Malerei, Zufriedenheit, Bescheidenheit, Natur, Ruhe

19. ablehnen – zustimmen ◆ gefallen – missfallen ◆ verbessern – verschlechtern ◆ einschlafen – aufwachen ◆ erlauben – verbieten ◆ schließen – öffnen

23. fleischloses ◆ fehlerlose ◆ schmerzlose ◆ gedankenloser ◆ zwecklos ◆ wolkenloser ◆ Gehörlose

24. Abstimmung ◆ Gefühl ◆ Erfolg ◆ Antenne ◆ Tätigkeit ◆ Instrument ◆ Antrag ◆ Broschüre ◆ Glaube ◆ gehören

Lektion 10

5. behindern ◆ beschließen ◆ klingen ◆ hassen ◆ scheinen ◆ genießen ◆ betonen ◆ drucken ◆ bewerben

7. beschloss ◆ genoss ◆ betraf ◆ gelang ◆ klang ◆ prüfte ◆ rief ◆ regierte ◆ verunglückte ◆ sprang

8. sinken – steigen ◆ einschalten – ausschalten ◆ hassen – lieben ◆ kritisieren – loben ◆ unterstützen – behindern ◆ zunehmen – abnehmen

9. Gast ◆ Pension ◆ Urlaub ◆ Koffer ◆ Eis ◆ Unterkunft ◆ Stau ◆
    Verkehr

13. a. Muttersprache ◆ b. Kindersprache ◆ c. Hochsprache ◆
    d. Umgangssprache ◆ e. Zeichensprache

14. 1. c. ◆ 2. a. ◆ 3. d. ◆ 4. b.

15. *Sachbücher:* Reiseführer, Ratgeber, Kochbuch, Lehrbuch, Sprach-
    buch, Wörterbuch ◆ *Belletristik:* Krimi, Kinderbuch, Drama, Thriller,
    Roman, Frauenbuch, historischer Roman

Quellen-
verzeichnis

Seite 27, 40   Textauszüge: „geben", „Mensch", „Bahnhof" aus:
                  Langenscheidts Großwörterbuch Deutsch als Fremd-
                  sprache, 1993, 1998
                  Langenscheidt KG, Berlin und München
                  (S. 115, 377, 659)
Seite 67   Globus Infografik, Hamburg
Seite 109   aus Robert Gernhardt: „Wörtersee", Copyright © 1981
                  bei www.Zweitausendeins.de.

Ihre Wörter

Ihre Wörter
auf Wortkarten

Ihre Wörter